동진강의 눈물

김 용 관 지음

BM BOOKS

동진강의 눈물

김 용 관 지음

서 문序文

대서사시〈동진강의 눈물〉을 출판하기까지

역사는 깨어진 거울로 흙속에 묻혀 있다가 누군가에 발견되어 원형이 복원된다.

복원된 거울에 자신의 얼굴을 비쳐보기도 하고, 한 조각만 남은 거울이라도 소중하게 여겨 오늘의 자신과 미래의 나를 비춰본다. 이와 같이 역사는 살아있는 생명체처럼 잠시 숨을 죽이고 있을 뿐 언제든 후손의 손바닥에서 미래를 비춰주는 오로라(aurora 극광極光)가 된다. 그러기에 작가는 한 작품을 힘겹게 써 놓고 스스로 깨어진 거울이 돼서 흙속에 묻혀도 후회하지 않는다.

〈동진강의 눈물〉이란 서사시집이 그처럼 남기를 바라는 마음이다.

서사시집은 서정시집과는 다르게 발로 뛰고 머리로 써야 하는 관계로 어지간한 집념이 아니면 누구나 쉽게 접할 수 없다. 사극을 쓸 때 작가는 엄밀한 고증이 필요하듯 정사를 바탕으로 해야 하는 것이다. 그래서 서사시집이지만 학술 서적이라 해도 손색이 없다.

여러 작가들이 쓴 책을 봐야하고 또 전국 도서관을 뒤져서 살펴봐야 한다. 보다 더 근본적인 작업은 동학혁명군이 (주로 전봉준장군이 농민군을 이끌고 전투를 했던 역사의 현장)목적 달성을 위해서 싸우고 죽고 성공과 실패의 연속적인 흔적을 그림자처럼 따라가며 사실 기록을 위주로 한다.

1894년 전봉준의 갑오동학혁명은 짧은 기간이지만 외세에 시달리는 우리의 국운을 좌우하는 전환점이 됐었다. 욕심 같아서는 들불처럼 일어나는 전국 방방곡곡 동학혁명사를 쓰고 싶었지만 너무 방대한 작업이라 전봉준장군이 이끄는 전투 현장과 그 이념만 다루었다.

십여 년 전 〈파랑새 전봉준〉이란 제하로 〈문예연구〉잡지에 2년 동안 연재하고 출판했는데 미흡함이 많아 부끄러웠다.

많은 고심 끝에 결심을 하고 자료를 더 수집하여 현실적 감각을 살리려고 전봉준이 잡혀서 심문하는 내용까지 삽입 하고나니 조금은 마음이 가볍다. 그래서 정읍 시사신문에 2년간 연재를 마쳤다.

이 글을 쓸 때는 마치 내 자신이 외세를 몰아내고 보국안민輔國安民의 깃발을 들고 구국의 함성을 내는 기분이 들어 약간의 흥분도 있었다.

어려운 산고에서 얻어지는 자식 같아서 기쁘고 가볍다.

시 창작집을 낼 때마다 산고의 고통이 많아 마음을 비우자는 생각을 가지지만 어쩌면 비우는 자체가 또 하나의 욕심일지도 모른다. 비우는 것은 무엇인가 다시 채우려는 욕심이 있기 때문이다.

채우고 사는 일과 비우고 사는 일 가운데 어느 것이 내 속마음인지 모르니 바보 같은 놀음이 인간들의 삶 같다.

부족한 점이 많지만 이 한 권의 서사시집이 헛된 작업이 아니기를 바라는 마음 간절하다.

2011년 8월

淨山 김용관

동진강東津江의 개요

길이 44.7km, 유역면적 1,034㎢이다. 정읍시 산외면山外面 상두산象頭山에서 발원하여 노령산맥을 가로지르고 태인을 거쳐 신태인읍을 북서류 하다가 서해로 흘러든다. 하운河運에는 호남평야의 남부를 관개한다. 특히 섬진강댐에 의해 역류되는 섬진강의 물을 받아들임으로써 용수의 혜택을 크게 받고 있다. 주위에는 정읍시, 김제시, 부안읍 등 농산물의 집산지가 있다. 호남선과 서울 · 광주 간 고속도로가 이 강을 가로지른다.

동진강의 유래는 전북 정읍시 산외면에서 발원 부안군 동진면을 지나 서해바다로 흐르는 강이라는 뜻인데, 동진면은 1914년 일제가 산동면, 일도면, 이도면, 서도면 일부를 행정구역을 통폐합하면서 동진면東津面으로 고쳤다.

만석보는 정읍시 이평면 팔선리에 있으며 일명 광산보 혹은 예동보라 한다.

1892년 5월(고종 29) 전라도 고부군수로 부임한 조병갑趙秉甲이 만석보 밑에다 남의 산 소나무를 돈도 임금도 안주고 베어다 만석보보다 더 큰 뚝을 쌓아 물길을 막고 좋은 논은 가을에 두 말,

나쁜 논은 한 말을 받았으니 한해에 착복한 쌀이 700여 석石에 달하였다. 그 밖에도 여러 방법으로(본문 글에 나옴) 군민郡民의 재산을 착취하였으므로, 이에 분개한 군민들이 관아에 찾아가 수세를 감해달라고 하였으나 매만 맞고 쫓겨났다. 1894년(갑오년) 1월 전봉준全琫準을 지도자로 삼고 관아를 점령 민란을 일으켰는데, 이것이 동학농민운동의 시초가 되었다.

서문序文

동진강東津江의 개요

차 례

제1장 아비와 전봉준

시래천지개동력(時來天地皆同力)
운거영웅부자모(運去英雄不自謀)
애민정의아무실(愛民正義我無失)
애국단심수유지(愛國丹心誰有知)

"때를 만나서는
천지도 내 편이더니

운 다 하니
영웅도 어쩔 수 없구나

백성 사랑 올바른 길
무슨 허물이더냐

나라 위한 일편단심
그 누가 알리."

여름이 아닌데도
폭염이 아닌데도

땅이 사정없이 갈라지고
오. 유월 장천이듯 타 들어가는 목마름

기침소리도 독감에 넘어졌나
허기진 채 말라버린 모가지
황막한 벌판에서
하늘을 우러러 웃지만
모두가 핏기 없는 손 흔들림
삶이 예더냐?
세상이 거꾸로 걸어가는거냐?

내 아버지는 지존의 왕자이기에
밤 낮 허리끈에 매달려
천자문 터득하여
천지 현황의 이치를 조금은 알고
전창혁全彰赫 아버지 함자
가슴에 묻고 살라한다
천륜의 아픔이라도 벗어버리지 말고
가슴에 묻고 살라한다

아버지는 중인모자 펄럭이며
아이들 천자문 깨워주고
나는 뒷동산에서 깃발놀이로
또 밤을 지센지 수 세월

어둠은 깊어가도 밤은 깊어가도
달빛은 차갑게 떨어졌다

어머니 설거지 소리
한숨보다 크게 아침을 열고나면
답답한 먹구름 같은 하늘이 싫어
들불처럼 아우성으로 벌판을 달리고
하루를 감아올리는 날들이 서러웠다.

감자 먹고 피똥 싸도
무수 밥 먹고 피똥 싸도
마음 편한 시절
나무 끝 달구경이
춘향이 마냥 그립고
허기진 뱃속에
지하수 한 바가지 꿀맛으로 긴 밤을
곱게 재워주던 꿈같은 시절

아버지는 무엇을 잘못했을까.
관하에 끌려가
뭐라고 꾸지람 들었는가.
밤 내 잠 못 이루시고
자식들 얼굴 쓰다듬고
귀여운 딸자식 입도 맞추며

밤을 새워 눈물을 흘리신다.
아버지 한숨 소리는 방안의 공기를
질식시키고 자지러진 속울음
어둠이 시커멓게 타고 있구나.

며칠 뒤 아전들에
발버둥 치며 끌려 가셨던 아버지
태형 맞고 차가운 시체로
흙 담 안으로 병들어 죽은 닭처럼 던져질 때
세상을 원망하지 않는 이 누가 있으리오.

동리 사람들 자기일 같이
하나 둘 모여들어 애통하게 통곡하고
대명천지에 싸늘한 침묵이 안개로 번지니
하늘이 원망스럽도다.
온 고을 사람들 다 알고 있는 일이지만
침묵으로 담 너머 키가 커지 걸
일월성신인들 모르랴

주먹은
하늘을 치받아
태양의 불덩어리를
가슴에 꽂고
피를 피를 세웠다.

하늘이
검게 타버린 세상
아버지의 비명 얼마나 고통스러웠으랴
아비의 생명 모질어 얼마나 발버둥 쳤으랴
마른하늘에 날벼락도 유분수지
죄 없는 자의 절규는 원한의 눈물로
얼마나 크게 맺혔을까.

그 고운 달빛도
난도질 당해버린 세상
도마 위 무수 같이 맥없이 쓰러진 하얀 세상
칼질하는 놈의 세상에 민초들의 영혼이
떨고 있는 세상이 어디 또 있으랴

세월은 끊어지지 않고
계곡물처럼 쉼 없이 잘도 흘러가는데
시간 위의 사물들은 굴러가다가 멎고
멎은 듯 힘겹게 흘러간다.
배고픈인들 임금도 구제도 못한다지만
돌에 낀 이끼는 물을 줘 키우고
벗겨낼 수도 있지 않는가.

역사는
인간 생활의 쓰레기

누구든 역사를 그러기에
들쳐보려고 하지 않는다.
백성은 성황당 돌무더기고 초가삼간 괴목임을 알라
무지랭이로만 보지 말라!
천박한 웃음에서 기쁨이 있고 행복이 있음을
왜 모르는가?
그 천박한 웃음까지도 빼앗아 가버린
족속들의 웃음이 얼마나 대견하겠는가마는
고관대작의의 코가 썩어 있구나.
멀쩡한 눈은 있어 볼 수는 있지만
코가 썩어 있으니 아래의 냄새인들 맡겠는가.
귀가 막혀 천민들 울음인들 들으랴.

사를 보면 볼수록 자신의 어리석고
추한 모습만 많이 보이기 때문인가
흘러가 버린 유행가처럼
상기하기를 싫어한다.

이 일을 어이하랴!
이 일을 어이하랴!

조각난 달을 안고
잘라져버린 시간
피는 말라버린 이집트 미이라.

내 영혼은
투혼을 잃어버린
상처뿐인 한 마리의 짐승
숨이 막힌다.
질식하는 공간밖에 없구나

공기가 부족한
밀폐된 공간이 돼버린 세상
내 영혼은 허수아비가 되어
찢긴 날개로 어둠을 헤매듯 흘러가는 시간
허허로운 벌판을
맨발로 다닌다.
맨발로 다닌다.
이 서러운 세상
눈물이 없어 울지 못하겠다.

사람이 사람으로
짐승이 짐승으로
보이는 세상 얼마나 살기 좋은 세상이랴.
사람이 짐승으로
짐승이 사람으로 보이는 세상
한 세상 산다한들 고마울 게 없는
네들의 세상은 있어도
나에게는 내게는

그런 날이 없구나,

초야에 개 울음만 허공에 날리는
슬프디 슬픈 날만 남아 있다는 말인가
생명의 옷을 벗어버리지 못하는
내 육신은 살 어름 위를 걸으며
당산나무 하늘에 고하듯
넋 잃고 우람하게 서 있다.

조병갑의 욕망 하나가
날개를 달았는가
선정의 눈빛은 아니 보이고
앉고 일어서는 고함소리에
아전들의 신들린 매질
백성들 피 터지는 고함이
영상으로 이어져
뒤틀린 잠으로 엮어지고
세월의 마디마디에
붉은 장미 빛 피 바람이
땅에서 먼지를 일군다.

아버지는 아버지는
눈동자가 흐려져
몽롱한 세상이

거꾸로 서서 걸어옴을
탄식하고

삽살개 울음
사립문에 걸려
담을 못 넘어 간다.

역풍으로 부는 바람
비수로 하늘을 찌르고
강물이 장마 끝 도랑물로 변하여
세상에 갈증을 준다.

민심은 변한 것 없이
천심도 변한 것 없이
도도한 강물로 흐르는데
어찌해서 인심은 갈증으로만 치닫고 있는지

하늘과 땅이
밤송이처럼 갈라지고(조정대신, 지방관리, 백성)
백성들의 핏줄기에
두더지가 파고들어
내일이 보이지 않는
세상 탄식만으로 저울질 하는 세상

허공에 무엇을 뿌리고

무엇을 가꿀 것인가.

이대로 산다는 건 꿈이다.
이대로 머물러 있음은
어젠 날 잘못 빚어진
역사의 찌꺼기가 아니고
무엇이랴!

조상들이
이 땅에 살아가는 후예들에게
영원히 간직할 수 있는 정신과,
물거품처럼 한 순간에 사라지는
눈에 잘 보이는 것을 남겨 주었다.
그 가운데 영원히 살아가는 것은
정신문화를 게을리 하지 않고
여기저기에 남겨 주었거늘
자고나면 없어지는 물거품을 왜 좋아 하는가

자연의 오묘한 질서를 아는가
아이들이 어른을 공경하고
어른이 아이들을 사랑하는 마음
민심에서 천심이 나오고
천심에서 선정의 꽃은 피는데

음덕은 저승에서

살아있는 자들을 위한 기도
살아있는 자들은 사랑을 베풀다가
돌아가신 선영을 그리워하며
자신을 되돌아봐 입신을 바로 잡는 일
음덕은 조선의 땅에 기운으로 솟으나
그러나 위정자들은 동물의 뱃속만 채우려고
붉은 이리의 눈만 번뜩인다.

탐욕이 넘쳐
육신이 무너지는데도
탐욕으로 정신이 무너지는데도
돈 주고 사는 벼슬자리가 그리 좋다는 말인가

꿈결에서도 만지작거리며
고마워하는 마음
그것은 둘이 아니고
오직 하나

자유로운 하늘을 보면서
죽을 먹으면서도 대명천지 활보하는
평화로운 동산이 그립다.
푸른 동산이 그립다.

민초들 포수에 쫓기는 노루
벼랑 끝에서 춤을 추지만

숨을 쉬고 살아가는 안타까움이 서럽도다.
아래를 내려다 볼 수 있음은
백척간두에서 죽음의 찬미
오! 살아 있음의 절규가 메아리로
계곡을 더듬어 가고 있구나.

아버지는 우리 아버지는
지난날의 또렷한 기억으로
역사의 이야기를 입에 거품으로 물어
가슴을 치고 땅을 치고 도리께 끝에서
이리 튀고 저리 튀는 콩의 아픔 같은 것
퍼렇게 멍든 하늘을 이고 사는구나.

1876년 한일수호조약
대원군의 쇄국주의가 무너지고
임오군란(1882년 고종 19년)에
구식군대의 병란이 문제로다

신식 군대 만든다고
신 제복과 신무기가 웬 말이냐
전투복 복장에 제식훈련
우둔한 백성 깨우치는 것은 좋으니
외침의 빌미를 제공한 개혁파의 일갈이
국토에 피를 뿌리는 일일 줄 누가 알았으랴

1885년 4월 천진조약天津條約

밑에서는 제비꼬리 같은 나라 일본이
위에선 청나라가 자기 마당처럼
이 땅에 들어와
장사도 하고 전쟁놀이로 안방을 드나들었나니
주인이 싫다하면 아니 들어오는 것이
예의범절이거니, 허락도 없이
야만의 속절없는 인사였었구나.

양국은 조선을 놓고 흥정하는 장사꾼
이 땅이 장사치들의 난장판이 되어
길 건너 불구경인 듯
새로운 문물이 병이 될 줄이야

꿈에서나 일어나는 일들
왜놈들은 간사하기 이를 데 없어
청국을 몰아내는 술수로 3개조의 조약을
청국에 던지니 낚시 밥 물고 마는 청나라

1. 청 · 일은 4개월 이내에 본국으로 철병할 것
2. 조선국왕에게 군사훈련은 청 · 일이 아닌 타국으로 할 것
3. 조선의 구내 파병은 먼저 저희들끼리 알린다.

죽일 놈들
어디 이 땅이 자기들 안방인가

도둑보다 착각에 빠진 조선의 관리들 이놈들
작대기로 후려 쳐 개잡듯
쫓아내지 못하고 구경만 한
대신들은 곳간에서 고양이처럼 생선을
훔쳐 먹고 이 쑤시고만 있었는가.

한 해 전 끼어든 놈은
또 누구인가?
베베르가 이끈 러시아 고습도치

항구가 꽁꽁 얼면
배가 뜨지 못하고
먹을 것을 다람쥐처럼
숨겨놓고 사는

따뜻한 남쪽 하늘이 그리워
언제부턴가 숨소리를 돌려
기회만 엿보고 있다가
일본과 청나라의 냄새를 맡고
가시네 입김이 좋다는 걸 알고
부인을 민비 곁에 보내어
서양 화장품과 쵸코 과자를
치마폭에 살짝 넣어주니
얕은 속 민비의 가슴이 열리니

떡은 제대로 먹고

"우리나라는
광활한 땅을 갖은 민족이기 때문에
조선 같은 작은 나라는
침범하지 않는다." 하니
웬 고마움인가.

"뿐만 아니라
세계에서 제일 강한 나라이기에
귀국을 보호만 할 것입니다." 하니

"또 고맙소. 또 고맙소."
고개만 숙이다가 머리들어보니
일본과 청나라가
이전 투구할 때
묄렌도르프와 민영익을 앞세워
러시아 베베르에게
우리 군대를 현대식으로
훈련을 시켜 보호막을 치려했는데
김홍집, 김윤식 등이 극력 반대하여
이것저것 무산되니 꼴이 꼴이 아니란다.

이 땅엔
하늘에 잠자리가 많은 탓인가

어지럽다.
가을 하늘에 고추잠자리가 많다한들
이리도 어지러울소냐.

1885년 3월
영국과 러시아는
자기 땅도 아닌 아프가니스탄을 놓고
용호상박龍虎相搏

호랑이를 잡으려면
호랑이 굴로 들어가야 한다는
조선의 속담이 영국으로 흘러갔는지
그것을 알고 러시아 밑을 그려보니
일본과 조선 사이 작은 섬 거문도라
군함 6척, 수송선 2척
호시탐탐 기회만 엿보는 놈들

이젠 할아버지께서 먼 훗날
사랑하는 손자들을 위해
심어 놓으신 감나무도
넋을 잃고 떨어지니
전창혁 아비의 머리가 아프시단다.
진통제 한 알 없는 세상인데.

청나라 정여창이
웬 편지 한 장을 주고 가니
영문 모르고 뜯어보았겠다.

"영국이 거문도를 점령한 것은
러시아가 블라디보스토크에서
군함을 보내 영국의 군사기지인
홍콩을 치려는 것을 미리 막으려고
한 것이오.
그들의 속셈을 알 수 없을 뿐만 아니라
만일 영국 공사가 섬을 빌리자면
절대로 허락 마시오.
일본에도 이에 일어나고
러시아가 또 다른 섬을 탐닉할지 모르니
신중하게 처리하시오."

자고나면 협박 편지
이 말을 들어야 하느냐
저 말을 들어야 하느냐
조선의 쪽제비 같은 대신들
분분이 동으로 서로 갈라져
네 말이 틀리고 우리편말이 맞으니
"전하 통촉하여주옵소서." 만 남발하니
궁중의 신하들 양분하여 머리 터지게 조아리고

날밤을 세워 부화할 수 없는 말만 쏟아놓으니
상왕인들 머리는 두 개로 갈라져
꼭두각시 춤을 추고

간밤
높새바람 불더니
청천벽력靑天霹靂
조정은 쑤셔놓은 벌집이 되고
여기저기서 잠자는 선비들
일어나 간청하지만
감히 말을 못하는 대신들
조정은 속수무책

힘이 없어 우는구나.
발등에 폭약이 폭발하려 불꽃이 피어나는데도
울지를 못하고 발을 동동 구르는구나

청나라 기회를 놓칠세라
대원군 족쇄足鎖풀어
65세 노구의 영감 조선에 보내니
내우외환內憂外患이라

솥단지가 바글바글 끓으니
검은 연기 하얀 연기
천지가 어지럽단다

천지가 어둡단다.

가뭄과 기근이
세상에 그치지 아니하니
1890년 경상도 함창咸昌에서
1891년 제주도, 강원도 고성에서
1892년 함경도 함흥, 덕원에서
강원도 낭천浪川, 경상도 예천醴川
함경도 회령會寧

곳곳에 민란이 봇물같이 터져
아우성과 피바다가
지도를 그리니 안타깝다.

세상만사
시작이 있으면 끝이 있다든가.
세상이 왜 이리도 흔들리는지
뿌리를 찾자
동학의 뿌리를 찾자.
이 땅에서 싹튼 토착신앙이
동학이 아니고 뭐겠는가?

1824년(純祖24년 甲申)경주 최씨
교조敎祖 수운 최제우崔濟愚는
시월 이십팔일 경주 현곡면(현월성군) 가정리에서

최 옥과 어머니 韓씨 외아들로 태어나
조실부모早失父母하여 허기진 배 움켜쥐고
유랑천리
내심은 양반 후예라 심지 세우지만
어디 일신의 영달만
울겨 먹을 수 있는 세상이더냐.

1855년 금강산 유점사楡岾寺 도인께서
을묘천서乙卯天書로 도를 깨닫고
1857년 천성산 적멸굴(寂滅窟-양산 통도사)에서
49일 지내니 기인으로 세상에 알려지더라.

시천주侍天主 사상을 본으로
천天, 인人을 대도의 근원으로
성誠, 경敬, 신信을 도의 본체로
수심정기守心正氣를 수도의 요결로 포교하니
천도天道라.

백성들 허기진 배 움켜쥐고
세상이 안개 속이라 마음 두지 못하여
하늘보고 침 뱉고
땅 밟고 발을 동동 구르나
민심이 어디 묻혀 있다더냐.
물에 빠진 자 지푸라긴들 아니 잡을소냐

수심정기가 생명수라
천도天道에 뜻을 두고 합세하니

혹세무민惑世誣民으로 관아에 끌려가
이듬해 3월 대구에서 죽으니
싹은 많아 팔팔하여
최시형崔時亨으로 둔갑하고
동학경전東學經典과 용담유사龍潭遺詞를
구술하여 쓰게 하고 포교하니
신흥종교는 뿌리 깊은 종교가 되더라.

1883년부터 각 지방에 접주接主를 두고
지역마다 포包를 두니
세가 거품처럼 확장되기 시작하여
거미줄처럼 각 지방에 원으로 번져
확장은 시간문제라.

도접주道接主 밑에
교장, 교수, 도집, 집강, 대정, 중정
여섯 직책을 두고
최시형은 전국 방방곡곡을 돌아다니며
내수도문內修道文을 지어
나날의 생활을 깨끗하고 보람되게 하니
최 보따리로 세상천지에 불려지더라.

동학을 인정받고 싶은 신도
사학의 무리라 하여
역적으로 다스리는 조정
갈등이 고조된 가운데
서인주, 서병학, 손천민, 손병희 등 40여 명은
하나가 되어
교조의 억울한 죽음을 상경하여
거적 깔고 상소문 올렸다.

1. 최제우의 억울한 죽음을 벗겨 달라.
2. 사당을 지어 제사를 지내게 해 달라.
3. 이 나라 조정을 잠식하는 서양인과 일본인을 내쫓을 것.
4. 부정부패한 탐관오리 삭탈관직 할 것.

그러나 조정에서는
거울에 반사되는 빛일 뿐
믿을 것이 못 된다 하여
허락하지 아니하니
최시형은 교도 2만여 명을 이끌고
충청도 보은 장내에 모이니
아예 솥이며 쌀을 등에 지고
보부상처럼 나타나니
백산을 이루더라.

아버지는
눈물을 소리 없이 흘렸다.
또 가슴을 쳤다.
학처럼 목을 빼고도
말씀이 없으셨다.

제2장 전봉준의 의기

아버지 시신은
입을 다문 채 무수한 말을
봉준에게 했다.

삼간초옥
동리 사람들
마당과 흙 담 용마루에
나팔꽃처럼 매달려
말을 잃고
아버지 시신을 보고 쏟는 눈물보다
백성들의 분노가 죽어버린 슬픔이 더 큰 듯
무거운 침묵만 어둡게 내려왔다.

분노한 마음들이
하나로 엮어진다.

하늘의 노을 빛 검붉게 타고
민초들의 바람이 흔들리는

나뭇가지에 드리우는 그림자는
숨을 끊어 간 얄궂은 흔적 같이 조용하다.

훈훈하기만 했던 인심
따뜻하기만 한 인정
어느덧 침묵으로 가라앉은
강물이 되어버렸다.
통곡 소리만이
담장을 훌쩍훌쩍 넘어
동서남북의 찢어진 깃발로 남아
반향 없는 함성으로
밤이 갈라진다.

하늘이 무너지는 소리
뇌성이 어찌 이보다 더 크랴.
강물처럼 흘러내리는 눈물
동리 사람들
마른하늘에 침을 뱉고
피가 피가 말라 버리는 표정들.

봉준아!
백성들의 함성이 들리느냐?

아버지의 피맺힌 절규가
핏줄을 타고

심금心琴을 울린다.

세상은 하나
농민들이 태평가를 부르며
논에서 피를 뽑고
논두렁에서 쌈지 담배 피우는 맑은 얼굴들
때가 되면 아낙의 고개에 이고 진 점심을 먹으며
고수레로 신을 부르는 여유로운 세상

꼬마 녀석들이
쥐불놀이 하다가 단잠에서
오줌을 누지 않는 그런 세상,
어디가 있더냐.

오직 양반계급만이 살아남고
민씨 일파의 세상천지가 되어버린
그래서 아침저녁으로
아첨만 잘 하면
돈도 벌 수 있고,
높은 권력의 자리도
마음먹기에 따라 살 수 있는,

그런 더러운 세상이 어디 또 있단 말인가?
그런 더러운 천지가 어디 또 있단 말인가?

혀를 모래에 처박고
죽고 싶지만
아! 세상에 태어난 것이 서럽다.
아! 생명이 천명인 것을 어찌하랴.

1860년 북경조약北京條約
1866년 병인양요丙寅洋擾
1871년 신미양요辛未洋擾
내 나라 천지에서
고슴도치 같은
청나라, 러시아, 일본 놈들
밤이고 낮이고
자기들 고함 소리에 놀라는

이 나라 백성들은
넋 나가버린
들짐승들이 돼버렸는가.

아첨阿諂은
최고의 보약이다
교언영색巧言玲色은
식솔을 거느리고 숟가락 장단을 치며
생명을 연장하는 울안에 행복

우물 안에서 보이는 것은

동전 구멍만도 못한 하늘
단추 구멍만한 눈으로 살아온 나날들
외부에서 불어오는 천동번개 바람을 어찌 알랴.

배알도 없이 눈앞에 보이는 것이 좋고
허리 굽혀 하늘처럼 떠받들어 주기만을 바라는
양반님네들 헛기침이 그리도 좋더냐
팔자걸음 종종걸음이 그리도 좋더냐

조선 땅 평화는
안중에 없고
일신의 영달이 최고라
이리 달려가서 아첨
저리 달려가서 아첨
동서남북에 아첨꾼들밖에 없으니
자기 배부르면 그만인 세상인데
백성의 꼴이야 어떻게 알겠는가.

내 눈에 눈물은 눈물이고
백성의 눈에 눈물은 아랑곳 않는 관리들
배부른 팔자걸음이 그리도 좋더냐?

아부와 아첨은
네가 단신으로 살 수 있지만
관리들은 살 수 있지만

너와 내가 죽고, 보다 많은 백성이
조석으로 죽는다는 이치는 몰랐던
어눌한 조정의 대신들

그 땐 잘났다고 네 활개치고
바람을 일으켰지만,
역사의 자尺는
어느 누구도 용서 못한다는 것을…….

골목안의 그늘진 사람이 고함을 쳐봐도
메아리로 번져오는 햇볕은 없을지니
왜 그걸 모르고 목안의 숨소리를 큰 듯 내느냐
하염없도다. 하염없도다.

삼정三政(전제 군정 환곡)이 무너지니
세상이 헛바퀴 돌아 만시지탄이라
배부른 놈 네 활개로 춤을 추지만
배고픈 백성 어디다 하소연할까

전정田政이란 게
양반, 토호들은 쏙 빠지고
못난 백성들만 똥 빠지게
세금을 내야하니
은결隱結의 혜택은 좋을시고

군정軍政이란 게 양반, 아전은
군포軍布만 바치면
관노까지 병력이 면제되는 세상이니
입안에 침 없어
퇴-퇴- 못할 노릇이다.

차라리 관노가 부럽도다
차라리 관비가 부럽도다
다음 세상 태어나면 관노비가 돼 살으리라
얘들아 애비 원망인들 하지 말라
이 목숨 다하면 너희들 배불리 먹고
눈치 밥 아니 먹게 하리라

환곡還穀은 어쨌는가.
가뭄에 흉년이 들면
임시변통으로 풀어서
백성들을 살려야 하는데
다음 해 환곡의 변상은
곱으로 뛰니 살 수 없구나.

御命—.
"백성들은 다음의 세금을
어김없이 내야 한다."

군신만 일체라는 생각

백성 없는 군주가 있었던가.
위만 있고 아래는 없는 세상
군신들이 먼저냐 백성이 먼저냐
세금이 물 폭탄인가
이리 맞고 저리 맞기만 하면서
피눈물로 살아가는 장삼이사張三李四들
하늘인들 어찌 알랴.

어염세魚鹽稅, 황구첨정黃口簽丁
백골징포白骨徵布, 족징族徵

포구에서 고기를 잡는 백성
생계를 유지하는 것이 원수로다
물고기 한 마리 지나가면 세금 놓친다 하여
목숨 걸고 뛰어들어 잡으려하나
"아나 세금" 하고 달아나는 물고기가
원망스럽다
바닷물로 소금을 굽는 사람
장마 비로 다 녹아 없어져도
두고두고 쌓여가는 세금 내야하는 신세
누진세가 곱으로 늘어나
자식을 팔아낼까
귀여운 여식을 팔아낼까

출생 신고가 된
어린이는 당연히 세금 줄에 오르고
병들어 죽는 자
까닭 없이 죽는 자는
군포를 내야 저승으로 갈 수 있단다.
죽는 것도 서러울 진데
세금을 내고 저승으로 가야한다니
삼생에 중 어느 세상에 이런 일이 있을까보냐

부자父子가 세금을 못 내면
반드시 친척 중 어떤 사람이
대신 세금을 내야 한다니
흡혈귀는 뭘 먹고 사는지 모르겠다.

이 땅에 백성은 초로草露의 생명
태어남은 자유로우나 죽음은
서럽도록 무섭구나

인징隣徵은 또 무엇인가.
납세자가 세금을 못 내거나
행방불명 시는 여염집 가장이 내야하니
어디 이런 세상이 또 있단 말인가?
염라대왕閻羅大王보다
더 무서운 것이 세금이 되고 말았겠다.

이런 세상인데 인심인들 곱겠느냐
간밤 세금 못내는 자 줄행랑이면
이웃 친구 꼼짝없이 무는 세금
나를 감시하는 친구가 따로 없구나

무릇 세금이란 게
있는 자가 십시일반으로
없는 자, 못가진 자
생활이 어려운 자를
보살펴 주자는 것이
세금이기에
기쁨을 실어
웃으면서 나라에 맡기는 것이
세금이다.

관리들의
관치는 학동시절 책 속에서나
동화로 남아 있을 뿐
본업은 환곡에 있으니
천민으로 태어남이 철천의 한이로구나
내 죽어도 다시는 이 땅에 백성으로는
태어나지 아니 하리라

관리들의 위세는 하늘에 다아 있으니

너나없이 배 득득 긁고 사는 사람들
관리 한자리 쌀가마 주고 사자 판이니
어리석은 민초들 세상사는 것이 어지러워
못살겠다는 소리는
나무 끝 무서리로 한을 품어
찬 바람에 뚝 떨어져 강물로 흘러가버리는구나
심산유곡의 설움인들
한의 무서리가 없겠는가.

대신들의 간교함이
고종의 눈을 흐리게 하여
세상은 볼 수 없고
구중궁궐에 먹구름만 잔득 끼어
왕의 목소리가 한 발짝 나아가다가
되돌아와 가슴에 묻히니
용안龍顔은 노비의 혈색만도 못하다.

개혁은 없다.
개혁은 바랄 수 없도다.
대신들과 관리자들만 있고
백성이 없는 세상
알량한 서민들의 웃음이 있을 리 있겠는가.

뱀 꼬리에서 불어오는 바람을

용처럼 하늘로 올려
한양에 있는 대신들의 가슴에 뿌려주고
혼탁해진 윗물을 아래로 흘려
맑은 물, 맑은 공기 마시며 사는
물고기가 되게 해야 한다.

흩어진 모래알로는 바위를 부숴
새로운 집을 지를 수 없는 진리
아버지가 몸담아 온 동학집에 들어가
힘을 모으리라.
모래성이라 한들 후회는 없다

전라북도 고창읍 죽림리 당촌 56번지
아버지가 내 생명줄을 이어 주신
쌈터
조병갑의 학정에
장두狀頭가 되어 몸 바친 땅
접주로 힘을 모아 나아가자.

분노한 하늘의 가슴을
피멍든 백성들의 외마디를
나는 알아야 한다.
양반과 천민의 계급이
이리도 높음을 알아야 한다.

일월성신의 정기를 받아
천명으로 태어남은 똑 같을 진데
목숨의 길고 짧음이 있을 것이며
귀하고 천함이 세상천지 어디에
있다는 말인가.

지신地神과 천신天神에 고하여
이 나라 백성임을 알려야 한다.
잠자는 백성의 머리 위에
귀하디귀한 생명임을 알려야 한다.

네가 있으면 나도 있는 것
나만 있고 너는 없는 세상은 없다
생명을 가진 것들은 너와 나의 공존으로
한 묶음이라는 진리를 알아야 한다.

사는 것이
어디에서나 어느 시간에서나
자신의 노래를 부를 수 있을 때
생명은 살아 있는 기능이고 예술.

전라북도 고부현
현감자리로는 누구나
대신들이라면 침 흘리는 땅

선량한 백성들
황금평야 비옥한 땅
기름진 옥토가 탐나는 문전옥답
한양 선비 놈들 귀에까지 들어가
그래서 이놈도 넘보고
저 놈도 넘보는 수난의 땅이 되었으니
백성인들 즐거운 비명만 바랄 수 있는가.

고부평야, 배들평야, 백산평야
수금평야, 화호평야
망망대해 같이 넓고 기름진 옥토
게다가 줄포 항까지 끼어 있어
도적놈 곡물 실어 나르는 데는 안성맞춤

기름진 땅 끝이 보이지 않는 땅
물이 풍부하여 수로 시설이 잘 되어
가뭄이 없는 농토이니
수금평야는 가슴을 안고
자자손손 풍년가를 부르며
살 수 있는 비옥한 넓은 평야.

생쥐 한 마리가 강둑을 허무는 아픔을
왜 모르는가!

양여부족미재징量餘不足米再徵

이는 백성을 두 번 죽이는 일

현물세 거두어
배에 싣고 상경할 때
소달구지에 싣고
몇 날 며칠
쥐가 먹어버린 것
곡식이 세어나가 용량이 부족한 것
말라서 감량이 되어 버린 것
돌아와 다시 거두어
보충한다는 명목으로
배 채웠던 현감들.

어찌 백성들의 원성이 없겠는가.
어찌 백성들의 울음이 없겠는가.

1885년 1월 토산현兎山縣의 민란
1889년 1월 강원도 정선의 민란
1892년 3월 함흥 민란

가당찮은 징세
포악한 군수 몰아내기
백성이 하늘이고
사람이 하늘인 것을 왜 몰랐던가.

이십 일자가 동학의 교리이니

〈至氣今至願爲大降 侍天主造化定永世不忘萬事知〉

지至는 극極을 말함이요
기氣는 미묘하고 아득하여
모든 사물에 내재하며 지배하나
형체가 있는 듯하지만 보기는 어려우니
들리는 듯 보기는 어려우니
이것은 만물이 생성하는 영기靈氣이다.
금지今至란 도道에 입도하여 기氣를
접하게 됨을 안다는 뜻이요.
원위願爲는 축원하는 것
대강大降은 기氣에 융합되기를 바람이다.
한울림의 지기至氣가 내 몸에 내리시어
융합하고 일체가 되기를 원한다.
시侍는 사람이란 안으로 신묘한 영靈이 있고
밖으로 기화氣化가 있어 옮기지 못하는 것
주主는 존귀함을 부모와 같이 섬기는 것을 말함이라.

천주天主는
내유신령內有神靈을 말함이요
조화造化는 음양운행陰陽運行.
무위無爲는 자연에 따름이요

정定은 그 덕에 따르고
그 뜻으로 마음을 정하는 것

영세永世란
사람 마음의 한 평생이고
불망不忘은
언제나 마음에 잊지 않음이요
만사萬事는 수의 많음을 말함이니

지知는 그 도를 깨달아서
그 지혜를 받는다.
고로 밝고 밝은 덕을 생각하고
또 생각하여
잊지 않으면 지기至氣에
성인의 경지에 이를 수 있느니라.
註: 최현식씨의 갑오동학 혁명사 참조

전봉준 두 손을 합장하여
천도의 도리道理를 따르리라
수운水雲 최제우崔濟愚님의 가르침을
만 백성의 함성이
하늘에 사무쳐 있음을
이 자연에 알리리라.
아버지의 죽음이 헛되지 않게

하늘에 닿는 기도를 올렸다.

어미 잃은 자식들아
날 원망 말라
체념하지도 말라.

무릇 세상은 잃을 것도
얻을 것도 없는 무공의 세상이니
네 마음 하나에 네가 있느니라

너희들 세상을 열기 위함이니
나의 두 딸 두 아들아
몸은 죽을 지 모르지만
영혼은 살아
너희들 곁에
영원히 살아 남으리라.

백성들 소작농으로 아들 딸
배불리 먹이고 살아보자는 몸부림으로
예동보(예동은 마을 이름) 쌓아
가뭄을 극복하려는 농민들의 간절한 소망
허기진 배 움켜쥐고
농한기에 피땀 흘려 남녀가 한얼 되어
수 년 둑을 쌓아 풍년 노래 부를 때
조병갑 관보로 물길을 위에서 막아버리니

예동보는 유명무실

관노들 관보에 문지기이지만 같은 처지에
양반들 눈치 보며 담금질
농민들 어떻게 농사짓나
우롱하는 관가의 횡포아래
농사철 발을 동동 구르지만
어찌할거나
농사를 어찌할거냐
저놈의 관보가 조병갑의 벽보다 높아
하늘에 둥둥 떠 있으니

피폐한 땅 일구어 관보의 물로 농사지으면
몇 년간 세금을 받지 않는다는 조병갑의 말
농민들 안도의 한숨은 돌리지만
장차 이 일을 어찌할까.

그 말을 믿고
척박한 땅에 씨 뿌려 농사 지어놓으니
한 해도 못가서 물세를 내라 한다.

이듬해 뼈 빠지게 농사 지어놓으니
태인현 지아비 피향전(현재 사적으로 태인에 남아있음)
공덕비 세우려니
현물 모아 받치라 한다.

천지가 뒤집혀도 유분수지
백성들 하늘만 쳐다보고
말없이 눈물로 사는 세상
몸속의 피인들 붉겠는가!

전봉준 식견이 좁으나
그래도 조금은 눈이 뜨인 사람

세상천지간에 만물들은
자기 목숨 소중함을 알고 있을 터
조여 오는 관가의 횡포가 하늘을 찌르니
어찌 백성들의 원성이 항간에 마르지 않는다.

흙담집 잠자리에 누워 있는
자식들 얼굴 쳐다보면 앞날이 캄캄하여
숨이 막히는 세상
살았어도 죽어 있는 목숨이라
마을 사람들 밤마다 전봉준 집에 모여들고
굳은 맹세로 한숨 끝에 맺은 결론
이대로는 죽을 수 없는 세상
새 하늘 구멍이나 내보고 죽자는 결의가
검은 밤을 더욱 짙게 물 드렸다.

다음날
각 고을 접주들에게 통문하고

산외면 동곡리 김개남 정읍의 손화중
이방언에 뜻을 전하니
정익수 김도삼 마음이 하나

밤이면 새집같이 아담한 조소마을
다음 날은 예동 마을
다음 날은 송두호 집에 모여
밤이 깊도록 숙의

이를 갈고
1. 고부성을 격파하고 군수 조병갑을 효수할 한다
2. 군기고와 화약고를 점령한다
3. 군수에 아유阿諛하여 침어侵魚한 탐리貪吏를 격징한다
4. 전주 영을 함락하고 경사京師로 직향直向한다.

상서上序를 정하고
하늘의 별을 본다.

어두운 하늘
별빛 초롱초롱 허공에 매달려
보고도 못 본 척 들어도 못들은 척

은하수 꼬리 물어
징검다리 만들고
초가삼간 위에 떠 있는 별들은

금싸라기로 집을 짓고
밤을 갈라놓는다.

제3장 백산대첩의 깃발

세정에 시달리다 못해 상소하니
조병갑을 익산현으로 잠시 발령했으나
후임자는 이 놈 저 놈 다 빠지더라

알고 보니 이조판서 심상훈沈相薰이
조병갑과는 사돈지간이라
눈치 빠른 양반들 자기 몸 다칠까 두려워
고부현으로 발령해도 차일피일
발병했다. 상을 당했다 미루고 부임하지 않으니
조병갑이 다시 원점으로 오더이다.

참을 만큼 참아 온 백성들
노역한 품 싹을 내놓아라
선산의 벌목 값을 내놓아라
보 쌓다가 죽은 시체 살려내라
쌓인 한이 한 둘이겠는가.

밤이 무섭다.

어둠 같은 세상
길이 보이지 않는다.

다락방 같은 좁은 방
천장이 머리맡에 내려와 짓누르고
흙벽에 기댄 뒤통수는
산송장처럼 말없이 두 눈을 깜박이며
무엇인가 깊이 빠져 헤어나지 못한다.

이대로는 안 된다는 생각 하나만
골수에 꽉 차 있고
무엇하나 묘책 없이
동지들에게 뜻을 전했는데
일차로 포고문 같은 강령을 발표했으니
칼은 칼집에서 벗어나
꿈틀꿈틀 용을 그리고 있다.

동지들 마음이
하나로 묶어지고

내심 흐르는 분노의 이슬이

가슴에 맺혀 떨어지지 않는 아픔
어둠조차 우리의 마음을
이제야 조금은 안다는 듯

흐르다가 멈춰 준다.

검은 피라는 게 이거로구나

개들의 울음도 처량한 울음을 잊고
달을 보고 짖다가 은하수 하늘을 경계하여
눈물을 흘리는 듯 지쳐있다.

밤이 깊어지면
새벽이 가까워진다는 세상의 진리
아직은 고개를 숙이지 않는 학정
청천벽력이라도 떨어져야
세상이 바뀐단 말인가

오! 나의 조상 음덕이 없음임이라
우리들의 소망이 단절 된 세상
백성들의 원한이 아직은
하늘 끝에 이르지 못함이니
잠든 영혼의 잠을 깨워 일으켜 세우리라

하나 둘 모여든 동지들
두 손을 내밀어 맞잡으니
눈빛들은 하늘의 별빛보다 더 빛나고
마음들은 금석맹약金石盟約이니
온 힘이 절로 솟아

밤하늘의 마른 공기를 찌른다.

전봉준은 각 고을 접주들에게
모아진 뜻을 낱낱이 전하고,
서러운 날 씻어 내
맑고 밝은 대명천지에서
오늘이 오기를 기다렸다는 듯
3월 21일 정오 백산白山에 모이기로 작정을 하니
무장, 영광, 고창, 홍덕, 정읍, 고부
태인, 부안, 금구, 인근 고을 사람들
구름같이 모이니
한바탕 소나기를 만드는 기세라
금구의 김덕명金德明이 단에 올라
하늘을 꿰뚫는 고성으로
허공에 손짓을 하며

"오늘 우리는 목숨 갖은 동물로
여기 모여
우리의 뜻을 하늘에 고하고
나랏님에 통문하여
굶주린 자식들이
더 이상 울지 않게 모였습니다.
불쌍한 백성들이여!

우리는 무기가 없습니다.
여러분의 손에 쥐고 있는
삽, 괭이, 죽창, 쇠스랑, 그리고
맨 주먹밖에 없습니다.
관군에 필승은 하나니
마음으로 똘똘 뭉쳐 싸워 나갑시다."

언양 김씨로 금구현 두류면 가야마을
(현 김제군 금산면 삼봉리)
중농의 아들로 태어나 불의에는 칼날 같은 사람
벼슬을 쌀섬 주고 사는 친인척에
바르지 못하다하여 분개하고
나이를 떠나 불호령을 했던 사람

눈가의 주름살이
내천자川를 긋고
눈동자는 무엇인가 삼킬 듯한
사자의 모습

봉준은
지난날의 일을 회상하듯
덕명의 말을 듣고
눈을 지그시 감고 있다.

이평 말목장터(현 정읍시 이평면 소재지)

감나무 밑 집회는
씨알의 소리
살아 있는 생명의 소리

어느새 농민군의 손에는
삽과 괭이 낫과 소리랑
아녀자들에게는 주먹만한 돌멩이와 부엌 칼
남녀 노인들은 상투 자르는 가위를 들고
결전의 날만을 기다렸다는 듯
아이들은 숨을 죽이고 있다.

천명天命으로 관가에 달려가
악덕한 관리들 징치하고
수탈한 곡식 풀어 백성에 나누어 주며
관비들 노비문서 불사르니
순식간에 세상은 바뀌더라.

아비규환阿鼻叫喚의 지옥이 따로 없더라
노비들 설움 얼마나 컸으랴.
아픔이 얼마나 많았으랴
눈치는 또 얼마나 먹었으랴
관병들 살려 달라 애걸하고
관노들 동학군에 흡입되어 살려달라고

애걸복걸도 순식간이니

그러나 조병갑은 낌새를 언제 알았는지
원평을 거쳐 전주현으로 달아나버렸다.

각종 세금 명목으로
수탈한 일이
어디 하나 둘이던가.
더 가증스러운 일은
농민이 살자고 동진강 줄기에
피를 쏟으며 쌓은 보로
풍년가를 부를 때
1892년 고종 29년
조병갑 군수가 자청하여 내려와
더 높은 둑을 쌓아
세금을 탈취하니
선량한 백성 어이 살겠는가.

아버지 장에 맞아 시체로 돌아오고
농자農者의 뜻 하늘에 담아
삼삼오오三三五五는 작은 구름이 되어
조병갑 심장을 찌르고
아첨하는 모리배 닦달하니
속이 후련했다.

도망치는 양반 꼬락서니

관졸들 쥐구멍도 찾지 못해
살려 달라고 애원하는 모습
어찌 이런 세상 올 줄 몰랐던가.

허나 관졸이라 해서
양반들 심복으로만 있겠는가.
얼씨구, 좋다고 농민군에 합세
쌓인 한 풀어내듯 춤을 추며
구석구석 안내하고
자기 식솔 불러
지고이고 달아나더라.

진귀한 보물들. 짐승 가축들
은화, 동화 바리바리 실어 날라
모래 뿌리듯 흘리는 즐거운 비명.

금싸라기 같은 곡식 창고를 풀어
동리마다 소작인마다 나눠주니
어찌 하늘같은 존재가 아니랴.

하루아침 세상천지는 변하고
인심은 조석변이라는 철칙을
관아에서는 왜 몰랐을까

우리 농민이 살 수 있는

구세주 오셨다고
고을고을마다 깃발이 올라가고
나랏님보다 더 귀하신 분이라고—
동학군 영수를 하늘처럼 맞으니
지는 자와 뜨는 자의 명암은
세월의 무상함

지난날의 봉기는 봉준의 순수한 마음
지난날의 봉기는 백성들의 순수한 마음
지난날의 봉기는 소작인들의 순수한 마음
지난날의 봉기는 하늘의 뜻에 따른 순수한 마음
일컬어 제폭구민除暴救民의 사상과
보국안민輔國安民의 사상이라

관아를 습격한 폭도로 몰렸을 때
양반을 징치한 폭도로 몰렸을 때
조정 대신들 뜻 모르고
변란을 일으킨 역적이라고
장계 또 장계狀啓
민란의 우두머리 잡으라고 방까지 붙여
관졸들 육모 방망이 허리에서 뽑았으나
빛을 잃은 지 오래라.

양지바른 뒷동산에 덩기덩기 모인 백성들

덕명과 개남 장군의 말이 끝나자
단 아래로 내려서자
차돌같이 단단하고 굳게 다문 입
작달막하여 녹두처럼 단단하게 보이는
봉준을 가리키며 박수를 치니
뇌성 같은 함성이 천지를 가를 때
입을 열었다.

"여러분! 우리들은 배고픈 사람들입니다.
우리는 하늘만 쳐다보고
소작인으로 하루하루 죽지 못해 살아 갈 뿐입니다.
더 이상 바랄 것도 없는
천박하고 순진한 농민입니다. 그러나
하느님은 우리 백성들을 버리지 않으셨습니다.
그저 하느님이 알아서
비를 주시면, 남의 땅에 물을 담아
씨 뿌리고 김을 매어
근근이 연명하며 살아 갈 뿐입니다.
여기 모이신 여러분!
지주들처럼 욕심도 없습니다.
관료들처럼 욕심도 없습니다.
천명이 주어지는 대로 살면 그뿐
빈손으로 합장하는 마음으로

천지신명께 감사하는 마음으로
살았습니다.

허나 저희들도 사람임은 분명합니다.
우리도 저들처럼 눈도 코도 입도 있습니다.
귀가 열려 자연의 소리 사람의 소리도
다 들을 수 있습니다.
살아보고자 남의 땅에 혀를 박고
양반들의 병역까지 대신 나아가
많은 사람들이 시체로
묵묵히 돌아오지 않았습니까?

지난 날 고부현감의 집을 불태우고
얻은 결과는 저들의 비행을 감추고
여기 모이신 선량한 여러분만
개 잡듯 후려치니
어찌해서 죽음으로 맞서지 않겠습니까.
이에 분함을 참지 못해 이 사람이 다시
여러분 앞에 나타났으니 따라주시기 바랍니다.

지금부터 저의 확고한 뜻을 밝히겠습니다.
첫째, 제폭구민除暴救民
둘째, 보국안민輔國安民

이것만이 우리가 살고

나라가 사는 길입니다.
저 하나 살자고 일어 선 봉기가 아닙니다.
작은 미물도 살아있을 때는 존귀 한데
하물며 사람의 생명으로 살아가는 백성들
아픔과 고통과 행복도 압니다.
처자식 사랑할 줄도 알고
가가호호 기르는 날짐승 들짐승도
가슴에 품고 살자는 마음입니다.

때마침, 오늘은 우리 동학 교주이신
최시형崔時亨님의 생신이기도 합니다.
(1894년 고종 31년 3월 21일)

님은 사람이 곧, 하늘이시라고 말씀하셨습니다.
인내천人乃天의 사상이라는 뜻이기도 합니다.
〈인간처럼 존귀한 것이 없다.〉
그런데, 여러분의 생명은 개만도 못한
양반들의 하루아침
눈요기로 죽어가고 있지 않습니까.

전봉준의 목소리가 하늘을 찌르다가
잠시 멈출 때
김개남의 포효하는 음성으로
"우리 다 같이 전 장군을 대장으로 모시고

힘을 합하여 우리의 살길을 찾읍시다."의
한마디에 천지가 숨을 죽이고
그 기세는 령嶺을 넘어
삼남에 퍼지더라.

동학군 총 지휘대장 — 전봉준
총령관總領官 — 손화중, 김개남
영솔장領率將 — 오시영(손화중의 처남, 고창출신)
최경선 손여옥孫如玉, 유용수柳容洙
홍덕의 고영숙高永淑 고부의 정익서鄭益西
차치구車致九 등의 접주들이
임무 하나하나 맡아 격문檄文을 만들어
동도대장東徒大將 백기아래 모여
일심으로 뜻을 모아 격문을 만드니

격문檄文

우리가 의義를 들어 이에 일음은
그 본의가 단연 다른 데 있는 것이 아니고
창생을 도탄에서 건지고 국가를 반석 위에
두자는 데 있다.
안으로는 탐학貪虐한 관리의
머리를 베고, 밖으로는 횡포한 강적의
무리를 추구하는 데 있다.

양반과 부호 밑에서 고통을 받고 있는
민중들과 방백方伯 수령守令 밑에서
굴욕을 당하고 있는 소리小吏들은 우리와 같이
원한이 깊은 자라.
조금도 주저치 말고 이 시각으로 일어서라.
만일 기회를 잃으면 후회하여도 미치지 못할 것이다.

甲午 正月 日

호남창의대장소湖南倡義大將所

재 백 산 在 白 山

봉준은 두 손을 합장하고
– 이 땅의 여린 백성에게 희망과 용기를 주옵소서 –
간절한 소망의 기도 한 줄
천만마디보다 길지 않으랴.

작월昨月의 다짐을
봉준은 음미하면서 또다시 외쳤다.
내우외환內憂外患으로
밤낮 시달리고
가뭄은 계속되어
곡식 한 톨 없는

양반은 양반대로

닭달이 그치지 않고
아전은 아전대로 피를 빨아가
어린아이 배고픔에 울지를 못하여
어머니 무릎에서 악몽으로 꿈을 꾸고
한 나절을 죽이니
하늘이 열리지 못함이라.

고부성 1차 2차 버릇 고치려고
징치했으나 관아는 피신하고
지방 백성들의 소요라고 장계하니
조정은 묵묵부답

어디 이런 세상 또 있단 말인가.
조정의 썩은 냄새
산야의 잡초처럼
활활 타고 있으니
민심이 천심인 걸
백성의 심판으로 가름하리라.
이것저것 아니 되겠다.
후천개벽後天開闢만이
이 땅의 백성을 구하리라.

앉으면 죽산竹山
서면 백산白山

농민은 한마음으로 구름처럼 모여
동병상련同病相憐
처음 보는 이웃 백성이지만
정답게 정답게 뜻을 나누고
의협심으로 뭉쳐
형제지간의 핏줄보다 짙게 보이더라.

일자무식의 농민들
일밖에 모르는 농군들
세사世事를 탄식하며
죽창으로 땅을 친다.

막사 안의 김개남
"전장군 강령을 만드세."
"이미 생각하고 있었네."

손화중이 종이와 벼루를 놓고
봉준에게 붓을 건네준다.

4대 강령

1. 사람을 죽이지 말고, 가축도 죽이지 말라. 不殺人 不殺物
2. 충효를 다하고, 제세안민하라. 忠孝雙全 濟世安民
3. 일본 오랑캐를 축멸하고, 성도를 깨끗이 하라.
   逐滅倭夷 澄淸聖道

4. 군대를 몰고 서울로 들어가 권위를 진멸하라.
驅兵入京 盡滅權貴

성도로 일어나되
질서를 지키고,
함부로 살생을 금하게 했으니
인본주의를 바탕한 궐기
참다운 군율이 아니고 무엇이랴.

입을 한일자로 굳게 다물고
말없이 일어나
군중을 향하여 붓을 던지니
와— 하는 함성 어
둠을 갈라놓을 듯
별빛들이 하늘에서 쏟아지더라.
긴 별 꼬리 하늘에 월계관으로 빛나더라.

가난한 살림 꾸리기 위해서
아버지는 봉준과 누이동생들을
이리저리 끌고 다녔다.
칠보에 살 때도 태인에 살 때도
전주에 살 때도

몇 해 전 이평 조소마을에서도
밤만 되면 하늘의 별을 무수히 봐 왔지만

오늘처럼 이렇게 길게 뻗어난
별 꼬리를 본 일이 없었다.

봉준은 마음속으로
사람 사는 일 아무 것도 아닐 진데
왜 이다지도 고달프단 말인가.

푸념 같은 말이지만
어느새 인생의 달관자의 자리에 머물러
인생을 한 올 한 올 짜가는 직녀가 돼가고 있다.

동료들의 손을 잡고
묵언默言으로 보내는 눈 빛
금석맹약이라 한들 이보다 더 굳으랴
눈물로 얼굴에 그림을 그리고 있었음을
볼 수 있었다.

침묵이 무엇인가 깊은 뜻을 대변하듯
고요하게 흐른다.

이 순간 봉준의 머리에
가느다란 꿈결처럼 스쳐 가는
한 편의 시가 먹물처럼 가득 고였다.

"사람이 사람답게 사는 일
생명이란 존재가 무엇이려니

우주 만물은 하나의 존재
각기 진리를 가지고
질서가 없는 듯 흩어져 있으나
모두가 자기 노래를 가지고
기쁘고도 슬프게 살아가는 것.

내 노래는 무엇이란 말인가.
행동은 생각하는 것보다 현명하다
행동은 죽어 있는 자보다 아름답다.
와전옥쇄瓦全玉碎는 삶보다도
짙은 진리를 가지고 있나니

민초들의 가녀린 목숨 하늘에 매달려 살자
꺼져 가는 생명줄의 이야기를
이 땅에 뿌려가며 살자. 이 몸 가루가 될 때까지
활활 태우며 살자."

한 농군이 장군 앞에 엎드려
"먹을 것이 없어 처자식이 굶고 있습니다. 장군님."
애달프게 울먹이며 고하니
그 초라한 얼굴 뚫어지게 쳐다보고
"걱정 마시오. 내 기필코 당신들의 세상을 만들어 놓고 말 것이오."

군중들을 향하여 두 손을 번쩍 들고
"오늘은 천명의 날이오.

하늘도 무심하지 않을 것입니다.
뜻이 하나로 모아지면 우리는 다 같이 살 길이 생기오.
다만 여러분이 나를 배반하지 않고 끝까지 따라만 주신다면
이 한 목숨 버리고 여러분의 앞잡이가 될 것이오.

"농민군을 이간하려는 밀정들이 파고들어
힘을 분산하고 약화시키려는
보부상 서너 명이 잡힌 적이 있어
주의를 게을리 해서는 안 된다는
마음이 먼저 걱정이었다.

그들은 누군가
아전이나 노비를 풀어서 비밀을 캐기 위한 간신들
입단속과 진로를 장군 외에는 어느 누구도
알지 못하게 타이르고 가급적 농민군으로 나온 사람들
이름을 부르지 못하게 하고 별칭을 쓰도록 했다.
개똥이 아범 쇠돌이 어멈. 아니면 개똥이 1번, 쇠돌이 2번
나주에서 올라 온 사람은 전주 쇠돌이
상주에서 올라 온 사람이면 목포 아범
같은 동료라 하여도 신분을 속이고 있었지만
뜻은 하나로 묶어졌다.

생면부지인 사람 무리에 들어오면
고발하도록 조치하고 이간의 언동 봉쇄하기 위해서

밤이면 그들만이 약속 된 암호로
의사를 나누도록 두 번 세 번 밀약을 했다.

여지저기 무리를 지었던 사람들이
하늘 높이 소리를 지르며 마음을 하나로 묶었다.

조병갑의 패습悖習이 심해질 때
상소문에 상소가 꼬리를 물어
조정이 견디다 못해 조병갑을 파면하지는 못하고
익산군수로 잠시 피신시켰다가
아무 말 없이 다시 고부군수로 재임명되어
예전의 버릇 개주지 못하고 다시 고개 들어
백성을 괴롭히니 조정도 믿을만한 대신들 없다고
한숨 깊은 백성들의 탄식

옛 버릇 그대로니
농민인들 눈뜨고 볼 수 있겠는가!

안핵사 이용태 관아로 내려와
민심을 수습하고 관리 비행을 밝힌다더니
백성의 탄압만 재현되니 이게 무엇인가
건강한 사람 잡아 가두고 아녀자 겁탈이 낮에도 골목마다에서
개 장난하듯 일어나고 있으니 역사의 막바지가 아니고 무엇이랴.

고창면 공읍면 구암리 구수마을

봉준의 씨족 번창이 뿌리를 내린 곳
병사 모집과 훈련이 적합한 곳이라
일찍이 장정들을 모아 관군에 대항하는
민군을 조련하고 있었으니 힘이 백배로 솟았다.

남접의 수장들과
막사안의 숙의는 장시간 논의되고
처방이 내려졌겠다.

우선 민병을 하나로 묶기 위해서는
관군의 상황을 알려주어야
나름대로 계책이 세워지리라.

전라 감영군이 집회의 소식을 듣고
남쪽으로 백산을 향해 오고 있다.
혈전은 피할 수 없는 운명.
"총령관, 두 분은 본진 백여 명을 이끌고
적을 유인하여 주시기 바라오. 그리고 황토현 중앙부에
허수아비 수백과 도깨비불을 같은 수로 만들어 주오."

전봉준 장군은 허수아비 작전과
도깨비 작전을 남몰래 구상했다.
아군의 많음을 위장하기 위한 일명 속임수 작전

"오시영 장군은 최경선 장군과 같이

본대 오백 명을 2진으로 나누어
후진 야산 능선에 눈에 띄지 않게 매복을 부탁하오."

서로는 눈으로 약속하며
마음으로는 굳은 결심을 나누고
여러 장수들에게 작전계획을
일사천리로 나아갔다.

군은 야습이 분명했다
전술의 초보단계인 야습
봉준은 병사를 조금씩 흘리며
미리 계획한 진영을
두승산斗升山 동북방 밭 끝
도마다리梨坪面 道溪里에 매복

관군 화승총을 쏘며
벌떼처럼 밀려와
민가에 불을 지르고
백산포를 넘어 달려오고 있었다.

해는 어둠에 묻혀
사물의 그림자가 희미하게 보일 때
저리도 도망친다며
관군의 함성이
빨래 줄처럼 이어지고

승전의 깃발인 듯
어둠을 몰고 치달려 왔다.

밤이 점점 깊어지자
어둠을 가르듯
이경호李景鎬를 선두로
황토현黃土峴에 다다르니
허수아비만 보고 진격하다가
협공 작전에 혼비백산
우왕좌왕 지리멸렬支離滅裂
감냉기柿木里 사시봉死屍峰으로 유인
마지막 잔당까지 살상
아비규환阿鼻叫喚의 골짜기
여기가 지옥이 아니고 무엇이랴.

일명 도깨비 작전
물 속에서
물고기를 쓸어 담듯
치고 달리니
이리 뛰고 저리 뛰는 놈
망둥이 같이 뛰다가
투항하는 놈, 피를 토하며 죽는 놈
팔 다리가 찢겨진 놈
혼이 나가버린 관병들 혼비백산하여

동학도가 무섭다 벌뻘 떨고
제 자리에서 한탄만 하고 우는 놈

살아서 도망친 자 수명
이 날 밤의 혈전을
누가 시원스럽게 후세에 전하리.
지난 날 고부현에서 빼앗은 화승총 몇 자루
대부분 죽창으로 승리한 전쟁이고 보니
대승은 기록에 남고
전승은 각 고을마다
깃발로 휘날려 농민들 큰 숨을 쉬더라.

마지막 잔당
일진이 내려가
넋 나간 관군(완주병사) 후미를 쳐
꽁지를 내리게 하니
어젯밤의 희미한 별들은
아무 것도 안 봤다는 듯이
침묵을 지키고
추위에 떨고 있던 달빛은
후일을 예감한 듯
말없이 중천에서 꼬나보고 있다.

아군도 서너 명이 전사하고

상처 입은 자 기십명은 됐으나
대승 하고나니 씻은 듯 사라지는 상처

징치로 다시 얻은 보물
전봉준 농민군을 향해

"여러분 손에 든 재물, 값진 보물
이 모두는 원래 이 나라 선량한
백성들의 것이었소.
잃은 보물과 재물은
당신들의 것이오니
하고 싶은 대로하시오."

총대장은 생각이 있었다.

저들의 사기를 높여주고
자신을 따르게 하는 방법
전쟁은 사기충천만이
승리의 첫째 조건이 아니던가.

제4장 전주입성의 함성

황토현의 대첩
발 없는 말 천리를 가
방방곡곡 숨 죽여 살 던 백성들
고부에 고개 숙여 감사하고
너도나도 동학도 되자는 밀어가
산천에 장미 빛으로 피어나
모처럼 혈기 넘치는 풍악소리,

농민군의 세는 하늘로 치솟아
남쪽 하늘로 북쪽 하늘로
깃발마다 퍼렇게 날리고
아이들 울음소리
웃음으로 변하여
어머니 가슴 체온을 넘는다.

하늘의 무지개
봄날의 개나리처럼 피어나
찬란한 빛

천지를 열고,
살만한 세상 흥겨워
양반들 술도가니 빈 가슴으로
입을 벌려도
천민들의 곱사 춤, 지게 춤, 물귀신 춤
역사를 갉아내는 후련한 한마당.

이유야 어찌됐든
시간이 접어지고 펼쳐지는 순간들
그 속에서
때리고 맞고, 죽고 태어나고
미워하고 사랑하고
허-허 이게 세상이란 말인가.

기득권이란 게 뭐란 말인가.
양반과 천민이란 것
누구의 조화란 말인가.

태반胎盤에 무슨 보물이 있어
어느 놈은 귀하신 몸
어느 놈은 천하디 천한 놈으로 태어나
울며 눈물을 보물처럼 닦아내
살아야 한단 말인가.
허-허 이게 조선의 땅이란 말인가.

상놈이지만 입에 욕을 담을 수가 없구려.

마디마디 골수에 사무친 한
아버지 가슴에 묻어
지난날의 역사라 돌려버리지만
여린 백성들의 눈은
시퍼렇게 칼날을 세우고 있으니
내 어찌 단신으로 감당하리.

관리들 배 채우기는
안성맞춤인 전라도 땅
이제는 폭도 지역이라

대신들 눈치만 살피다가
사팔뜨기가 돼버린 신하들.
도끼자루 썩는 줄 모르고
신선놀음만 즐기는
전주全州 한벽당

감사 김문현金文鉉
고부성이 모래처럼 무너졌다는 소식에
세상을 탄식하고
술 한 잔.
서울 하늘 한번 쳐다보고
또 술 한잔.

남쪽 하늘 쳐다보고
또 또 술 한 잔.
목숨이 경각에 달렸는가
술 한 잔에 흥이 피눈물로 바뀌니
백이의 뒤를 따라 산중으로 들어갈까
아니면 망건을 찢어버리고
동학군 꽁무니에서 춤이나 추고
생명이나 부지 해 볼거나
상념들이 조상의 패를 찢고 있구나

김문현 미쳐 날뛰고
양반 세상이 무너진다 이놈들아
시상이 오리무중이라
안개를 걷어내라
고래고래 고함지르고
날이 밝기 전에
포수가 되겠다고
자처하는 사람들
떠돌이 장사꾼들
이 잡듯 뒤져 전주 감영으로
굴비 엮듯 데려오라는 분부

그러나 모래 속에
보물은 있기 마련

판중추부사 심순택沈舜澤은

"관리들의 전횡이 심하여
백성의 피끓는 소리." 이니
조정에서 반성할 일이라 일침
정의로운 자 한 사람의 외침이
어찌 담을 넘어 세상에 알려지겠나
모두 썩은 생선들이 눈만 멀뚱거리고 있는
구중궁궐이 끔적이나 하랴

그동안 조선이 쌓아 놓은 벽이
어디 한 두자 이든가
철옹성 같은 양반 노비의 세상 구축하고
떵떵거리며 수염만 다듬고 헛기침만 큥큥 거리는
팔자 타령이 기백 년 지났으니

게다가 민비 계집의 치마폭이 너무 커
회오리바람은 잘 줄 모르고
홍계훈을 양호초토사로 임명
전주성에 의기 등등 입성.

그러나
탄압이 강하면 강할수록
더 모질어지는 민초들의 심리
동학군은 정읍시 태인면에

집강소를 설치

동학군 총 지휘는 물론
세확장에 들어가니
무장, 영광, 함평에서는
관군과 일진일퇴一進一退

무기가 부족한 농민군
적진을 공격할 때
장태무기를 이용
(일부는 담양潭陽의 이용길李龍吉이 장태를 만들었다고 함)
관군의 턱밑까지 다다라 공격하니
듣지도 보지도 못한 무기라
활을 쏘고 조총을 날려도
장태무기는 데굴데굴 호박처럼 굴러
성 밑까지 다달아 함성으로
성을 넘어 온다.

관군들
신기하여 멍하니 구경하다가
성 위에서 낙엽의 신세로 떨어지는 시체
우리 같은 천민이 아니고 누구겠는가.

이로써 장흥長興의 접주 이방언李邦彦은
전술 전략가로 승승장구하니

농민군의 사기가
거센 물결로 도도히 흐른다.

전주현감
밤이나 낮이나 안절부절
"이놈의 현감자리 죽어도 안 하리."
"보낸다는 후임자 사족이 바타졌나
왜 이리도 감감 무소식인가."
"속이 타는 구나, 술 가져와라.
춤을 춰라. 가무를 끊이지 마라."
"이판사판이니 먹고나 죽자
내 몸이 먼저지 나랏님이 먼저냐?"
마지막 생명의 불꽃이 전주 땅에서
영원히 사라질지 모르는 현감의 신세타령

후임자로 김학진金學鎭이 내정되었다는
파발은 전해지지만
후임자 깃발이 보이지 않아
오늘밤을 또 어찌 지내나
"이놈들아 성곽을 개미처럼
틈을 주지 말고 겹겹이 싸아
동학군 깃발이 아니 보이게 하라."

하늘의 해가 너무 길구나

어두운 밤은 또 어쩌더냐.

조정의 입들은 하나 같이
조선 땅 다 불바다가 돼도
전주만은, 전주만은 아니되느니라
조선의 뿌리가, 조선 왕조의 영정이
전주 경기전에 있지 않은가.

태인, 금구방면에서
익산 방면에서
남원 방면에서
풍악소리 진동하니
현감 김문현 개새끼 되어 북부 성으로
달아난 지 오래라

관졸들 물에 빠진 생쥐마냥
오들오들 떨고
생선 훔쳐 먹은 개같이
배꼽 나온 농부에게 눈치만 보고
살려 준다는 말 한마디에
죽창을 같이 들어 합세 한다.

세상인심은 조석변이라더니
상전에 머리 조아리며 관하의 백성들에
배부른 소리로 호통치던 관리들

하루아침에 농부들 짚신에 머리 조아리고
살려달라는 애절한 눈물

태조영정太祖影幀은
전주 북방 사십 리 밖
위봉 산성 위봉사威鳳寺 암자에 (소양면 대흥리)
숨죽이고 있어 어찌 이런 일을 생각했던가.

일관日官도 넋 나가
도피 날짜도 잡지 못했던가.
초라하구나!
정승 집 개가 죽어도
곡소리는 길에 깔리는 법

하물며
조선의 영정이 길을 잃고
바람에도 휘날리지 못하는
야밤 도주라니,
여느 여염집 서방질만도 못한
아낙의 신세가 되어
외롭게 가는구나.

동학 소리가 무섭다.
함성이 귀에 쟁쟁하여
눈에 보이는 것마다

농민군 같아 오금이 저려
알량한 호령소리
어디에 묻혀 우는가.

양반들 고래고래
소리를 지르지만
일언반구 누가 죽으려 대답할건가
양반신세 왜 이럴 줄 몰랐든가
관아의 권속들 이런 줄 몰랐든가

조경묘肇慶廟 위패와
태조영정 앞에
판관 민영승閔泳昇과 영장 임태두任泰斗
곡진한 울음 예 같지 않아
장졸 헛기침에 분위기는 싸늘하다.

하늘은 길을 내고
구름과 비는 길을 따라서
오곡五穀의 꽃잎들 관장하여
세상을 풍요롭게 하나니
이는 자연의 순리에 따른
인과응보의 산물로 역사도 있나니
권불십년은 명언 중 명언

관병의 수가 적어

인근 부민들 동원하여
성곽을 둘러싸 방패가 돼주길 바라나
모래성 같은 방패막이니
김문현 안절부절
동으로 서로 뛰지만
시원한 계책하나 얻지 못하고
식은땀만 송골송골
시들어 가는 호박잎 속의 빗방울같이
뼈 속에 흐른다.

부민들 길을 열어
농민군에게 깃발 흔들고
성문이 자동문처럼
개폐가 자유로우니
쇠스랑 한번 쓰지 못하고
대창도 옛날의 죽순 힘 한번 쓰지 못하고
입성하니
전쟁놀이가 이만하면 싱거워
풀잠뱅이에 무논의 춤바람만도 못한 정부라
개탄하는 농민들.

부민들의 어린 아이들
할머니 할아버지 지팡이 짚고
실눈으로 다가와 손을 잡아주고

아낙네 배꼽을 내놓고도
부끄러움 모르고 달려와 환대하니
개선장군의 환대가
어찌 이만하랴!

관병들 무기를 버리고
덩실덩실 춤을 추어
남자 기생으로 변하니
창졸간에 맞는 전봉준
아군인가 적군인가 머리가 혼미해져
손화중 김개남을 불러 물으니

"이는 백성의 원한이 산처럼 쌓여
오늘에 이름이니
장군의 정의로운 깃발이 아니겠냐."고 대답한다.

성곽엔 농민군의 깃발이
하늘로 올라
보는 이마다 슬픔을 달래니
광목이며 쌀이며 고구마가
수레로 밀려와 즐거운 비명이
낮 밤으로 이어지니
세상천지는 쉽게 변하더라.

오시영은 속마음으로

천지신명에게 합장하고 나니
고창의 아버님이 병으로 누어 계시어
마음이 쓰였는지라.

남서쪽을 향하여
"불효자를 용서하여 주옵소서.
선량한 우민들 울음이 하늘에 닿아
피멍든 반쪽 하늘뿐입니다.
온전한 땅, 온전한 하늘이 그립습니다.
밝은 날 당신 곁에
오래오래 머물러 봉양하려 합니다.
불효자를 용서하여 주옵소서."

이렇게 합장을 하고 나니
한결 마음이 가벼웠다.
훨훨 산이고 들이고 날을 것만 같았다.

중인 모자 눌러 쓴 젊은 청년
봉준 앞에 두루마리 펼쳐들며
당찬 목소리로

"사람의 목숨은 하나
긴 숨 한 번 쉬고 끽하고 가는 세상
소보다, 닭보다 나을 리 있으리오.

먹구름에 밀려가 새 빛 동창에 드니
앞산이 우뚝하게 보이오.
달구지 몰고 가는 농부의 목소리
논두렁을 힘차게 넘고
사시斜視로 살아 온 선비들
천명天命이 있으매 오늘에 이르니
한 생명 울고 파
초개草芥의 목숨 장군께 바칩니다."

짧은 글귀에 한 청년의 의지
심장에 비수처럼 꽂혀
하늘을 보니 울고 있더라.
어젯밤 순방 나갈 때
어린아이들 열 대 여섯 명
그림 같은 초가 마을에서
술래잡기하면서 부르는 노래가
한 순간 뇌리를 스쳐 지나갔다.

"꼭꼭 숨어라, 달이 울고 있다.
네 머리카락 보이면 죽는다.
안보이면 살고 보이면 죽는다.
달아달아 네 얼굴 흐리면
밤이 새기 전에 흩어지지 말고

별 꼬리 잡고 놀자."

순진한 아이들
저들의 아버지는 누굴까
어떤 세상을 원하고 있을까.

오늘 여기까지 입성하기는
숱한 백성들이 피를 흘리며
너 나 없이 하나가 되어
찰떡 뭉치듯 진격한 보람 아닌가.

중인과 천민의 손을 잡으니
따스한 체온이 봇물 터지듯
가슴에 와 닿는다.
글썽이는 눈에서는
무엇인가 속 깊은 사연을 담고 있는 듯
초라하게 보였다.

태양이 산언덕에 막 떠오르듯
이제 시작이라는 마음
빼어든 칼 북진을 원하고
개벽開闢의 세상에
단 하루만이라도 살아보고 싶다는
너와 내가 아니던가.

동학 교민이라 해도 좋다
동학 폭도라고 해도 좋다
모반자謀反者라 해도 좋다
삼천리 작은 울타리 좁은 땅
너와 나만 있을 뿐
계급이란 신분
어디 사람의 푯말이 될 수 있는가.

살아 있는 한 투쟁하리라
살아서 살아서 밝은 세상보고
마음껏 웃어보리라

날이 점점 어두워오자
농민군들은 아낙들과 같이
분주하게 이리저리 돌아다니고
연기를 피워 구수한 숭늉 내음을
한벽당 골짜기로 흘러 보낸다.

달은 어느 사이
머리 위에 머물러
봉준의 어린 시절
회억을 풀어 낼 만큼
밤이 깊어가고 ……

그 땐

배가 고파서 잠조차 안 와
달에 하소연하던 때인지라
감회는 사뭇 다른 감정

손에 힘이 모아진다.
심장의 박동이 피를 보이듯
툭툭 불거져
지난날의 감상적인 나른한 아픔을
끊어가듯 몸을 휘돌고 있다.

"한 하늘 삼켜버린 바람은
남문 성 위에서
지아비로 울음 울고 있는데
모악산 끝자락 피울음은
끝이 없구나
만 백성 한恨을 다 마셔
이 몸 지고 간다면
그들은 원이 없겠지."

머리에 떠오르는
시심詩心들은 정리하고
배고픈 자에 위로를
상처가 심한 자에게 용기를
마음이 약한 자에게 희망을

아낙들 허전한 맘에 포근함을

속 깊은 정으로 다독거리니
모두가 한 묶음 꽃다발처럼
밝은 웃음이 밤의 향기로 피어나더이다.

제5장 전주화약全州和約의 비밀

전주성 입성
물고기 몰 듯 이뤄진 것은 아니고
흘금흘금 달아나는 개처럼
물듯이 달려들기도 했다.
기십 명의 피를 뿌리고
얻은 입성

전주성 백성들
오늘같이 하나 되어
흥겨운 마음 있었으랴.

양반과 쌍놈
귀인과 천민
놀부 마누라의 화사한 옷
흥부 마누라의 더덕더덕 지은 옷
어디 사람의 신분으로
구분하는 일이랴.

조선 땅은 작은 탕湯
세계는 넓고 큰 탕湯
그 속에 사람들
벗으면 다 같은 알몸이니
목욕탕 속에서 신분이 있었던가.
흥부 마누라 옷을 벗겨 놓으면
놀부 마누라 피부보다 탄력은 더 있을 걸

세상천지 양반 육신 다르고
천민 육신 다르겠는가.
그저 신분이 세상을 갈라놓고
웃고 울지 않는가.

그래도 팔자걸음
징검다리로 걷는 사람들 중
동학도 들이닥치니
하얀 쌀밥에 소고기국 끓여주는
양심이 살아있는 선비 많으니
썩은 사람들 중에 진주는 있더라.

피난 갔던 백성들
새 천지 열렸다고
긴 백사白蛇모양
꼬리에 꼬리를 물고 입성하여

전장군 얼굴보려고 장사진이니
또 하나의 전쟁이라.

한양에서는
고종高宗 넋을 잃고
"이 일을 어찌 할거나
열성조 뵈올 면목 없구나.
어쩌다 이 지경이 되었단 말이야."

대신들 입을 못 열고
굳어버린 얼굴
이집트 미이라에 뼈가 있는가
분석이 필요하구나.

간신과 충신은 난세亂世에
구분된다 했던가.
조병세 족제비 주둥아리로
"청나라의 도움이 필요합니다." 하며
"습성이 사나운 태인, 정읍, 고부의
동학무리"라 몰아붙이고
그것도 징치방법이라 제안하니
사대주의 사상은 예나 지금이나
시든 꽃으로 남아 있으니
쓰레기통은

무엇으로 채워 있단 말인가.

고종이 보낸 밀사는 가관이라
"습성 사나운 동학도로
청 대국에 근심 끼쳐드려
죄송 죄송합니다."

두 손 싹싹 비벼
하루바삐 군대를 주시어
평정에 도움을 달라니
청나라 얼씨구 좋구나.

기회는 하늘이 내린다더니
오늘이야말로 조선 땅
드디어 우리 그늘 속에 들어오는구나.

단숨에 섭지청 휘하
오천의 병사
깃발이 나부끼고
아산만에 상륙
전봉준 영솔장 들의 진언에
외곽으로 빠진 완주 병사
뒤를 쫓아 치고받고
일진일퇴一進一退
오백여 병사 잃고 퇴각—

일본군 때가 왔다고
앉아 있다가 일어섰다.
간사한 일본
첩자를 내밀하게 두고
조선의 비밀 열어가니
오호嗚呼, 쾌재라.

일본 공사 오호도리大鳥圭介
조선의 내정 개혁은
우리 몫이라 하여
청병을 물리치고

자기들 머리, 혀가 필요하다며
고종의 머리 혀를 흔드니
어지러워 견디기 힘들다.

민영준
간신인가 충신인가
비도들의 무리를 쳐야하고
동학의 창의문을 받아들여
조정의 폐정도 있다하니
영돈領敦 김병시金炳始
"수령들의 착취가 힘하고
관의 전횡이 극에 달해

그들은 살기 위해서 뭉친 무리라.” 진언

고종 옳거니 신하는 너밖에 없노라
눈물을 삼켜 슬픔을 표하니
너나없이 묵묵부답.

김학진金鶴鎭을
전라 감사로 임명
동학군을 괴롭히고
꼬리를 잡으니
팔도재차부八都在此符도 신통력을 잃고
사기士氣가 사기詐欺가 되는구나.

김개남, 손화중 묘책 없이
북진을 꺾고
성안에 머물러 나날을 소요하니
성안의 백성들 수군수군

농부들
모를 심지 못하고
유월 맞으니
따가운 햇볕만
송곳처럼 등을 갈라
가슴을 아프게 한다.

오오도리
사백여 명 허리에 차고
인천에 상륙하여 의기당당
재일 거류민단 보호라는 미명으로 달려드니
이 땅은 외세가 득실거린다.

함경도 경상도민들
울다가 웃다가
허탈한 마음 달래지 못하고
주막마다 문전성시이니
하늘이 반쪽만 보이는 백성들
울분이 하늘을 찌른다.

이거 큰 일 났구나.
"실리와 명분을 찾읍시다."
봉준은 제장들에게
그 동안 한양의 동태를
설명하려니
말문이 막혀 숨조차 딸꾹 딸꾹

성안의 투병들
하나 둘 빠져나가
전의를 상실하니
전봉준 괘卦를 놓고

사흘만 기다리면 좋은 일이 있을거라
마음들을 안심시키어
화친의 약속을 보내자는
잠정적 결론
김개남 붓을 들고
전봉준 입을 여니
전주화약全州和約이라

1. 전운행소를 혁파할 것
2. 국결國結을 가하지 말 것
3. 보부상의 작폐를 금지시킬 것
4. 도道안의 환전은 이미 거두어 갔으니 민도들에게 다시 거두지 말 것
5. 대동미를 바치기 전에는 각 포구에서 잡상들의 쌀 매매賣買를 금지시킬 것
6. 동포전洞布錢은 매 가구마다 봄, 가을 2량씩으로 할 것
7. 탐관오리를 파직할 것
8. 임금의 총명을 가리고 매관매직하는 관리 국권을 농락하는 자 파직할 것
9. 관장官長자는 그 관할지역에 묘墓를 쓸 수 없고, 논밭도 사고 팔지를 못하게 할 것
10. 전세田稅는 전례에 따를 것
11. 가가호호에 부과하는 잡역을 줄일 것

12. 포구의 어염세를 혁파할 것
13. 보세洑稅 및 궁방전을 폐지할 것
14. 고을 수령들이 민간 산지에 와서 늑표勒標나 투장偷葬을 금지할 것

(27개 항목 중 이상 전봉준 기록문 중 일부)

이외에 주목할 항목이 차서로 이어져 있으니

- 노비 문서를 태워버릴 것
- 청춘과부의 재혼을 허락할 것
- 무명잡세는 다 폐지할 것
- 토지는 평균으로 분작分作할 것.

자칫 잘못하면
이 땅에서 청 일 전쟁이 벌어지고
죽는 건 이 땅의 백성이 돼서는 안 된다는
척왜정신이 살아나
양호초토사 홍계훈에 던진 화약和約

홍계훈 조금은 야무진 놈
호락호락 폐정 개혁안에
서명은 아니하고
한양 쪽 붉어져 가는
저녁노을에다가
우문답愚問答을 주고 나서

침이 보탓는 지
헛기침이 목에 걸려
기러기처럼 목을 빼고
두어마디 뱉는다.

하기사 일개 초토사가
쉽게 결정 내릴 일은 아니기에
화약에 서명은 할 수 없는 일
성밖에서 목이 타는 모양이다.

"어서 성문부터 여시오."
"아니 되오."
농민군은 삽날을 세워
혈기를 보인다.

홍계훈 개혁안을 다시 보고
"일부는 관의 시정도 없지 않지만
관례로 굳어진 내용도 많아
들어 줄 수 없소."

꼴에 양반 서열이라
죽어도 꽥하는 소리
농민군들
먼발치로 걸어 온 길
목적은 하나라 절규하니

산천초목이 같은 빛이더라.

홍계훈의 손에 든 상소문
어전에서 오락가락
간신들 아니 된다 조아리고
민란의 폭도라 규정하니
뜻있는 신하들 입을 다물고
신세한탄만 궁궐에 가득하다.

일진일퇴란 단어
어전에서 꿈틀거리는 걸 봤다.

53개의 집강소
호남지방 미치지 않는 데가 없어
핫바지 정치는 주먹구구식으로
동학정부같이 활활 타오르나
중구난방의 영들이니 체계가 서 있겠는가
그러나 정치는 문자 그대로
문민세대의 꽃

이론이 있었던가
체계적 명령이 있었던가
질서가 있었던가.
그래도 그래도 양반들 머리를 숙여
죽은 듯 뒷전에 물러나

논바닥에서 목청껏 부르는
동학의 고함소리에, 손짓하나에
벗어남이 있었으랴.

눈치만 보고 놀던 아이들
눈치만 보고
입에 풀칠한 천민 노예들
물밑 고긴들 자유롭게
상류고 하류인들 다닐 수 있었던가.

닭장의 수탉도
울음을 잊고 산지 오래
들녘의 풀인들 바람이 불어도
맘대로 움직일 수 있었던가.

저녁밥 짓는 연기가
집집마다 피어오르고
아낙네 목소리가
담을 넘어 아이들을 부른다.

구수한 된장국 내음
계곡에 퍼지는 안개처럼
지천으로 넘쳐 평화가 가득하니
훈훈한 정 같은 백성들 깃발이라.
피투성이로 달아난 사람

팔이 달아난 사람
어버이를 잃은 사람
한 순간에 봄눈 녹듯이
바람 몰고 가는 개선장군이라

향리 사람들
죽은 아버지 살아서 돌아온 듯
이리 뛰고 저리 뛰고
술도가니 깨져나가도
춤은 절로 절로 어두운 밤이 밀려간다.
어와 둥둥 내 세상이여!
어와 둥둥 내 세상이여!

제6장 동학군 뒤에 숨긴 비밀

비밀위로는 청군의 물결
아래로는 일본의 그림자
이 어찌 된 일이냐.

세상천지
옥玉같이 귀한 우리 백성
초로草露같이 맑은 우리 백성
하늘보고 울어야 하니
어느 가슴 있어
이 아픈 맘 담아 줄까.

조정의 대신들
어느 놈은 청나라 군대만이
믿을 수 있고
어느 놈은 이 기회에 신문물 담은
일본군대가 와야 어지러운 세상
평정이 되고 개화가 된다니
군주는 이 쪽 저쪽만 바라보며

한숨만 쉬는 세상이 돼버렸으니

전주성 눈앞에 두고
조총탄 정갱이에 박혀
절름발이 돼가는 지휘부는
진퇴양란 눈앞이 아련하여
귀한 목숨들 결실은 허무라.

세상이 보이지 않는구나
자갈길 달구지 끌고 가는
가녀린 망아지만도 못하구나

아버지 장에 맞아
절명하신 그 때 그 순간보다
오늘의 슬픔이 더 크구나
이 일을 어찌하노
이 마당을 누구에게 말 한다더냐
동학의 심정 말로 다 표현 못하나니

화약和約은 반타작
동학군 세몰이는
예전 같지 않아
가족 찾아 귀향하고
수족으로 부렸던 전령들
힘겨운 듯 달아나

그림자로 남고

장군의 사기는 아픔으로
갈라서는 신세
관솔불 밑의 긴 한숨들은
한 치 앞을 볼 수 없는
그늘진 낙엽이라.

대퇴한 농민군 속
이판사판 덤벼든 불량배 섞여
기세가 등등
양반 토호들 찾아 다녀
예쁜 처첩 힘으로 다그쳐
빼앗아 놀아나고,
게다가 노비들 멋모르고
따라다니며 온갖 피폐 다 끼치니
여기저기서 전쟁터 같은 아우성.

동학군 죽일 놈들
집강소가 양반들의 원성장이 되고 보니
세상은 하루아침에 뒤바뀐 장터.

자고나면 황소 한 마리 죽어나고
자고나면 마나님들
눈물로 들어오며

하인 얼굴보고 놀라는 얼굴들
잡놈 패거리들 안방에 들어가
요지경속이니

규수閨秀들 무슨 죄가 있어
발가벗기고 구경하는가.
왜 저 짓들인가.

한恨 풀이도 좋고
넉살도 좋지만
묻어둔 불씨를 매만지는
아쉬움은 남기지 말아야 하지 않는가.
모두가 후회가 되는
모두가 질곡이라 생각되는
어두운 하늘빛은 만들지 말아야 할 게 아닌가.

전봉준의 훈령을 벗어난 살육자들
지방 수령이나 된 듯 닥치는 대로
밟고 나아가
오뉴월 가뭄보다 더한 흔적
들리는 소식마다
천길 만길 치솟는 불덩어리

세상은 언제나 밝은 세상 뒤에
어두운 세상 도사리고 있음은

자연의 섭리
농민의 죽창 끝에
밝혀지는 촛불 세상 온다하여
잠방이 차림으로 모여 든 농군들
기절초풍도 유분수려니
불 난 집에 도적은 악만가
필연인가.

관병들 기회 놓칠세라
어느 때 부자 되겠는가
한 몫 잡아보자
농민군에 끼어
비단 포목 달구지에 실어
야밤에 달아나니
양반님들 말도 못하고
닭 쫓던 강아지 신세라 허 허 –.

그러나
들불은 남아
한 여인 소복단장에 정화수 떠놓고
두 손 모아 비는 마음
핏방울 쏟아지게 고마운 정성

–우리 농민 살려 지이다

천하디 천한 백성들 살려지어다.
금쪽같은 우리 장군
대쪽 같은 우리 장군
땅 기운 하늘 기운 다 받아
인기人氣를 살려지어다.
천민 양반 계급 없는 세상
우리장군이 꼭 만들지어다. –

정읍시 북면 산동리 농촌마을의
〈좃 바위〉를 아느냐
치성을 다 하고 달아빠진 수저로
남근석 표피를 긁어 물에 타 마시면
힘이 솟고 전쟁터에서 죽지 않는다는 전설
남편들 농민군에 보내고
그 부인들은 앞치마에 싸고 싸고 또 싼 돌가루
남몰래 신랑 입에 넣어주는
아낙들의 정성을 너희들은 아느냐.

한 여인 장군 앞에 나와
하얀 봉지에 싼 검은 가루약을 내민다.
"장군님, 칠보면 백암리 아낙이오다."
"여인이 어인 일입니까.
여기는 싸움터이오니 장군님의 생명이
하루를 예약할 수 없는 지역입니다

저희 같은 무지렁이 생명
어찌 장군님의 천명에 비하겠습니까."
"어디서 온 아낙이옵니까?"
"칠보면 백암리 종사리에 살며 초근목피로
근근이 사는 여인이온데,
여기 남근석 가루와 여음석 가루를
합방하여 가져왔나이다."

전봉준과 손화중은 여인의 눈을
빨아가듯 실눈으로 삼키며
입을 열려하자
"자고로 좆 가루와 여음석 가루를 석어
간간이 마시면 힘이 백배로 솟고
백전백승의 승전을 한다는 조모의 말씀에
이리 달려왔습니다."

여인은 뭐라고 중얼중얼하며
주술을 외우듯
"전봉준 장군은
하느님보다 더 높으신
어른이시니
가시는 길마다 막힘없이
아침 햇살처럼 확 트이게 하시옵고
뽑고 뽑은 죽창마다

백화만발하여
오색기 날려
이 땅에 백성들 살려 지이다."

화약和約차 감연군
보무당당 의기에 차
걸어 나가던 일
오늘은 아전처럼
길 양옆에 부복하고
풀죽어 도열한 관병들
어찌 간담이 써늘하지 않겠는가.

천하 대장군 나가듯
관민화약책官民和約策은
수중의 문서처럼 다루어지고
집강執綱 서기書記 성찰省察
집사執事 동몽童蒙 직책은
천도의 사상 체계일 뿐
조정의 통치기구와는 동상이몽
동학군의 일시적 통치의 수단
관료의 직책일 수가 없으리.

어느 고을은 천세만세 부르고
어느 고을은 구관舊官을 사모하니

희비喜悲가 교차하는 세상

양반집단의 마을
변화가 싫고 보수를 원하는 집단이라
천세만세는 민초들의 나팔소리

뜻이 있으면 길은 열리는 법
하늘이 무심치 않으면
흩어진 물살 모아져
낙지落地를 찾는 법
예전의 세몰이가 그리워
천둥소리 같은 함성이 그리워

무릎을 꿇어 기고 나는 집
푸성귀 밥상에 간장 종지 하나
젓갈이 필요 없이 양손으로
우겨서 입에 넣으면 그만인 삶
할아버지 밥상에는 조밥 반 공기
시원한 찬물 한 사발
장죽만이 유일한 벗살이
장죽이야 양반네들 상징물이 아니랴

사랑스런 며늘아기
조반을 먹었는지 안 먹었는지
물동이 옆 겨드랑에 끼고

종종 걸은 사랑도 하여라.

–천신天神의 화신化身이요
지신地神의 화신이신
우리 장군 돌봐 주시옵소서
단군의 뜻을 받드신 몸이니
그 뜻을 이루게 하여 주시옵고
이 땅에 사람이 살게하여 주옵소서.
천상님께 비나이다.

개벽천지 여시고
개벽 열매 맺게 하옵소서
민초들 하늘 보며
자유롭게 자유롭게 살게 하여 주옵소서.–

필부필부匹夫匹婦나 갑남을녀甲男乙女
아니면 백면서생白面書生의 간절한 기도이나

이게 웬일인가
갓 방건 도포자락
대밭 속에 숨어서 이슬 적신 목소리로
죽으면서도 꽥 한다는 양반의
절절한 목안의 외침

"역적이 준동하는 세상

빨리 흘러가게 하고
종놈들 설치는 세상
꼬락서니 몰골이니
바른 세상 세워 주옵소서
임금님 바른 눈뜨시어
모리배 척결하고
어진 세상 주옵소서."

장군을 따르는 농민군
여린 백성들
걸음마다 눈물 흔적
처자식 잃고
곰방대 담배 연기 흐물흐물
김제 집강소 사흘 뒤
홍계훈 관군을 이끌고
노도처럼 밀려와
태인 집강소 고부 집강소
부역한 농민 나와라

전봉준 입에 담는 사람
선비 어른 머리꼬리 한 번이나
잡아 본 농민 관아에 끌려와
한을 품은 사람,
이런 저런 할 것 없이

개 패듯 잡아 족치는

어쩌다 동학농민군에
휩싸여 소식조차 없는
옆집 노마님
신세타령 속이라
가슴은 숯검정.

내 자식 내놔라, 이놈들아
썩어 잡어 죽일 놈들아,
우리네 무슨 죄가 있어
이놈저놈 짓밟고
이리 끌고 저리 끌고 다니며
개 패듯 피를 말리느냐.
세상천지 목숨은 하나
네 놈들도 하나밖에 더 있더냐
조앙님이 주신 목숨
삼신에 빌어 점지하여 주신 내 아들
어디 있단 말인가?
차라리 내가 손잡고
저승길로 가련다.

미쳐 날뛰는 할머니
두 눈 뒤집혀

부지깽이로 여기 치고 저기 치고
맥없어 도랑에 물 막고 쓰러져
간질 병자처럼
게거품 쏟아내고 잠이 든다.

처량타! 할머니
이 땅에 사는 사람들
누구에게 던진 말이던가.

이 땅의 씨를 받은 할머니
이 땅의 피를 받은 할머니
배달의 얼이 치마폭에
한 올 한 올 쌓여 내려왔건만
전수자는 누구란 말인가?

전봉준 장군 귀가 따가워
정신이 없으니 어찌할거나

집강소 돌아도
극약처방 따로 있더냐
전봉준 화약문서和約文書를 들고

1. 동학 교인들은 감정을 없애고 감영의 일사에 협조하라.
2. 탐관오리 징치하고 바른 세상 만들라.
3. 불량한 유림과 양반들을 필히 징치하여 인광응보를 알게 하리

4. 노비奴婢 문서 찾아 필히 없애고 평등 사회 일꾸자.
5. 청춘과부 개가改嫁하여 행복 찾게 하고
6. 무명 잡세 금지하여 잘 사게 하려니
7. 관리 채용시 지벌地閥 금지는 물론
8. 토지 균등 경작할 것을 맹세한다.

저들이 보면 적서노주嫡庶奴主가 없고
내외존비內外尊卑가 없고
유도난적柔道亂賊이니
양반들의 구적仇敵이라
외마디는 묻혀
동학의 소리로 변한다.

관민화해가 이뤄진 듯하나
담금질은 백성들의 바람이니
평화는 잠시잠깐
계곡에 머문 바람.

동학군과 관군 대치하여
상생의 타협을 찾는 듯 했으나
조정대신들 그게 아니라
청군 들어와야 나라가 산다느니
일본 신식군대가 들어와야 산다느니
위아래 대문 열어 놓고

이 놈 저 놈 다 받으니
세 싸움은 가관이더라.

전령 한 사람 달려와
무릎을 꿇고 고하니
입이 딱 벌어져
닫쳐지지 않는 장군의 얼굴

어느 집강소
관군에 함락되어
노비가 살아나고
큰기침 열리는 세상이 되었다는
허허, 아비규환阿鼻叫喚이구려

청군이 도륙屠戮한다는 전갈
뿐이겠는가.
왜병이 장총 들고
조선 임금의 목을 쥔다니
백성들 살아서 숨이나 쉬겠는가.

이 땅에 혈통은 하나
갑자기 셋이 돼버렸구나
하나로 족하거늘
어이해서 셋이 되어야 하는가.

전봉준 장군 책상에
머리를 처박고
달빛을 마시고 있구나!
햇빛을 마시고 있구나!

동학군 죽은 자 부지기수
상처입고 귀향한 자 수 백
길이 열린 듯하여
춤추고 즐거워하든 백성들
그들의 가슴을 누가 쓸어주고 위무하리.

한 치 앞이 안 보인다더니
전봉준 장군 눈이 봉사로 변한 듯
이리 저리 거닐며 머리 치고
가슴을 쳐보는데도
뾰족한 방법은 아니 보인다.

아! 슬프다. 우리 백성
이슬만 먹고 살아온 백로가 아니더냐
이들을 누가 살려 내리
이들을 누가 어루어 주리

먹물 들었다고 조정에 나간 대신들
사대사상이 먹물이더냐!
경천사상이 조선을 살리는 길

어찌 모르고 있다더냐!

백성들 밤이나 낮이나
배부르고 등 따뜻하면 성상의 은혜라
하늘 높이 고함지르고
산에서나 들에서나 칭송하고 칭송 할진저

관료 하나 늘어나면
쥐새끼 한 마리 늘어나는 세상
그 놈이 죽으면 아들이 대를 이어
백성의 갈비뼈 갉아먹는 세상

전주 화약 처음에는 얻는 듯하였으나
기쁨은 잠시 역전패의 기로
어느 누가 쥐구멍에 해 뜰 날 있다했더냐
검은 장막을 걷어내라 외치는 고함
이 일을 어찌 하리!
이 일을 어찌 하리!

제7장 의욕에 불타는 전봉준의 심장

전주 화약이 맺어진 듯 보였으나
뒤로는 요술 방망이 흔드는 관백들
동학군들 앞만 보고 달리는 말 같이
지연작전을 왜 몰랐던가.

전주 화약이 반타작으로 끝나는 조약
백성을 사려하는 마음 깊어서일까
살상의 참상이 두려워서일까
아니면,
관군에 대적할 힘이 부족해서일까

전봉준 달 아래
웃음 지며
불타오르는 심기를
시 한 수에 담았으니

"강물이 무언으로
저리도 흐르듯

나 또한 그렇게
흘러 가 고프구나.

나는 누구란 말이냐
나는 무엇 하는 사람이란 말이냐

우리 안에 축생으로 살아온
지난날의 절규가 많아
피를 토하고 살아온 목숨

나라를 구하고
백성의 아픔을 어루만져 주려는 일념이
이리도 험하고 멀다는 말이냐

나로 하여
잃은 목숨들
귓전에 벌 떼처럼 윙윙 담아진
귀한 생명들.

저들은 굶주린 늑대
빛을 잃은 태양을 영원히
마셔버리고 싶은 욕망이
신음 속 피바람으로
살아서 남아 있구나."

평범한 지아비로

평범한 아버지로
평범한 이웃으로
일생을 살고픈 선하디 선한 마음

자연에 순응하면서
물처럼 살고픈
구름처럼 살고픈
한 마리의 양

본디 인간의 성품은
바닷가를 여유롭게 거닐며,
한가로이 조개껍질을 줍는
바람 같은 존재가 아니던가.

한 평생 살면서 살면서
수많은 사람을 눈으로 마음으로
접하고 다 다라진 모진 마음 중에
내가 살자는 의식이
자연발생적 생리로 일어나
이기적 끈으로 묶어져 가는 동물들.
이것이 사람 마음인데.

남접 · 북접 교단이
동상이몽同床異夢이니
봉준의 마음은 썩은 홍어 속

내수도문內修道文에 따른
인간적 삶 인내천人乃天의 존귀한 세상
교리의 이념으로만
살려는 북접 동학도들

남접은 무엇이더냐
창시의 이념대로 살기 위해서는
새로운 천지가
개벽으로 이뤄져야
도道의 이념대로
살 수 있다는
능동적이고 진취적 행동

눈앞의 현실은
망상妄想의 두꺼운 표피.

눈과 귀와 코를 자극하는 것을
양파 껍질 벗겨내듯 벗겨내야
교리의 진리대로
이승을 열어감이니.

동상이몽은
또 하나의 먹구름
힘의 한계를 느낀 전봉준 장군
고심 중 고심 끝에 비장한

마음한풀 꺾고 통문 하는 메시지를
단숨에 써 내려간다.

전령을 다그쳐 단숨에 달려가라 하니
바람처럼 달려간 전령 숨도 쉬지 못하고
북접 교주 앞에 당도하니
남접과 이리 다를 수 있을까
천하태평인 듯 근심걱정은 아니하고
소식만 묻고 물러가라하니
전령은 안절부절 못하고 애꿎은 담배 연기만
전령의 마음 알아주듯 하늘로 피어오른다.

崔時亨님께
내일의 세상이 보이지 않아
답답하오.
교리의 길은 하나일진데
어찌 앉아만 있소
온 백성이 힘을 합해야
시천주조화侍天主造化가 있을 게 아니오.
원컨데 힘을 주옵소서.
남접의 교도들 아우성이
산을 타고 들리지 않습니까.

여기서 조금만 늦추면

오랑캐와 야만인들이
국토를 유린하고
초근목피도 살아남을 수 없는
그런 날이 오고야마는 결과이오니
힘을 주시옵소서.

전봉준 拜

최시형은
북접의 접주들에게
뭐라고 통문 했던가.

"지금은 교도가 움직이면 죽고
가만히 있으면 산다." 라고
(시천교역사 하)

간악한 일본 오오도리 앞장 서
김홍집 내각을 구성
강령을 내걸었지만
동학농민군의 그것에 지나지 않고
진척이 없는지라.

말만 무수하게 나돈
개혁의 소리 소리들.
시간이 잘라지지 않는 개혁이고 보니

어디 다른 냄새가 나더냐.

중도파 오지영吳知泳 김방서
남접으로 북접으로 오가며
의중을 전하고
힘겹게 끈을 이어
교접시키니
드디어 힘은 하나가 되더이다.

허나, 북접계 신재련辛在蓮
남접 허문숙 서장옥은 충주 용수포에
진을 칠 뿐 움직이지 않으니
북접계 농민군들
-우리의 의로움을 허락하소서-

간청이 끊이지 않으니
최시형 마음을 굽히지 않을 수 없겠다.
이때가 어느 때더냐
9월 하순

청 일 전쟁으로
승승장구하는 일본의 기고는 만장이라
고종의 낯빛이 일그러져
시야가 어둡고

얼빠진 질문으로
나랏일에 눈이 보이지 않아
신하만 부르다가
하룻밤을 꼴깍 삼키고 나니
세상천지는 일본 깃발로 덥혀
내심 봉준이 그리워
내 어이 임금이 되었던가
조선왕조 500년이 끝장이구나
탄식의 소리
강산에 이슬로 내리더라.

개혁도 좋지만
외침의 일본 군병을 막아야 한다는
다급한 합의에 김개남 손화중은
남원 장성 곡성 구례에서
기병을 모으고
집강의 기강을 세우려하나
민심은 이반되어
능력의 한계를 느낄 때

전봉준 장군의 다급한 전갈은
먹물 글씨가 아니라
선지피의 냄새니
깊은 생각에 잠겨

두 장군은 울고 있지만
마음대로 뜻대로 아니 되는 일.

김개남 어제 밤에는
잠을 이루지 못하고
뒤척이는 밤이 깊어지더니
마침내 시 한 수 엮어 내
마음을 다스리려고 한다.

고백서告白書
"모악산 뿌리에 서린 정기
하늘 아래 서리로 내리는 밤
땅이 불바다가 되면
하늘도 무심치 않을 것이니
내 몸 하나 소중하게 여긴들 뭣하리.

가을에는 산과 들판이
계절을 이기지 못하고 불바다가 되는 것은
우리의 피가 뿌려진 산하여
썩어 문드러진 아픔일랑
밑거름이라 말하여주오.

너와 내가 존재하는 것은
조선 땅 이정표라 생각하고
나라와 백성이 합일하는 것은

천지신명을 다 하는 일이니
어찌 눈물을 말하리오.

앞서 간 농민군들이여!
지하에도 나라가 있거들랑
눈물을 닦고 화평한 세상에 왔노라
절창으로 노래하고
살아서 그대들 뒤를 따르는 나에게
을미년 봄 언덕에 새 싹으로 말해다오.

여름 햇볕이 몸부림 치고
흐르는 강물이 절규하는 밤
인간의 목숨이 무엇인가
모두가 하나로 영원한 것인데
생사로써 말하는 것이
진정 세상의 이치이련가."

사기가 떨어진 농민군
병기의 부족함
군량미 부족함은
10월의 하늘이 원망스럽다.

하늘을 떠받친 초목들이
원망스럽다.

한편으로 추수
한편으로 전쟁
합궁이 아니 되니
10월은 가을이란 시간으로
외롭게 남을 뿐이다.

자연에 순응하면서
사는 일
인간사의 진리.

허나, 때로는 자연의 법칙을
물고 돌리듯
지혜롭게 사는 일도
인간사의 또 다른 진리가 아니던가.

때가 때인지라
무작정 농민군을
전쟁터로 내몰 수 없는 일
일본군의 전횡이 광풍狂風처럼
휘몰아 쳐 자칫 잘못하면
일본군에게 빌미를 줘
적을 돕는 일

풍성한 오곡五穀
자식들 굶주리지 않으려고

손발이 곰 발바닥 돼도
하늘과 땅만 바라보고 사는
시월 달이 아니던가
천민이 아니던가.

벼들이 무르익은 들녁
일손을 놓고
죽창을 들라하면
한숨부터 나올터인 즉
시일을 늦출 수밖에

허나 이게 무슨 꼴인가
대원군의 밀지에
농민군은 자진 해산하고
농사일에 전념하라는
봉준은 그게 아닐 건데
기막힌 일 또 벌어지고 있구나.

사실인즉
대원군은
정운붕鄭(雲鵬을 대동
허엽許燁에게 밀봉된 봉투를
달빛아래서 품안에 넣어줬다.

비록

나이가 많아
거동에 불편을 느꼈으나
세상천지가 뒤죽박죽되어
좌충우돌左衝右突 돌아가는 걸 보자니
노안老眼이 더욱 흐려져
남은 목숨 불태워
구국의 횃불이 되자고
생각했던 것

우국지심憂國之心은 앞서나
지혜가 따르지 않아
설상가상雪上加霜으로
뜻있는 신하들
수족手足에서 멀어져
고단한 신세

꺼져가는 촛불이
마지막 강하게 타오르는 법.

허탈에 빠진 충정衷情
밀지 속의 언약은
중화中華의 대병大兵은
평양에서 대승할거고
그 병력으로 남하하여

농민군과 협공하면
왜병을 물리칠 수 있다는

상황은 그게 아니라
일본군의 반전
청군은 싸움 한 번 치르지 못하고
간통한 계집 달아나듯
쫓겨나버리고

닭달 당한 대원군
꽁무니 빼듯
오늘날 공작정치라
얼굴 붉히니
일본대사 히쭉히쭉 웃으며
"옳거니 저 늙은 여우를 이용하여
허기진 뱃대기 채워보자."

전략은 딱 들어맞고
늙은 여우 앞장서
동학군 회유하기 시작하니
사흘이 멀다하게
농민군 해산을 요구하더이
이 나라 땅이 어느 나라 땅인가
봉준 기가 막혀

삼남지방을 두루두루 돌며
나랏일을 걱정하니
분개한 장군들, 농민군들
재봉기를 다짐하니
삼례집회가 아니던가.

남접과 북접은
완연한 일치를 보지 못한
어정쩡한 상태
때로는 관군의 압력보다
더 했던 일.

제1의 적은 관군이 아니라
북접의 수운과 최시형
그들은 10월 하순까지도
자기들의 노선을 굽히지 않고
대치상태로 있을 때
남접의 장수들은
심장이 갈라지는 아픔
그러나 결국 교리의 노선은
하늘도 갈라놓을 수 없는 일

최시형의 소극적인 생각
불변일 수 없는 일

청 일 전쟁이 그들을 다그치고
오오도리 고종 앞에서 넉살

신하들
고종의 눈치 속에
속 타는 발걸음
꼴뚜기처럼 이리 뛰고 저리 뛰어도
방책이 없어
백기白旗를 들어버린 상태
방자한 왜병들
군화발로 궁궐을 짓밟고
궁녀인들 온전할 수 있겠는가.

먹구름 온 천지에 가득
백성인들 편하랴.
조선의 선비인들
채운彩雲의 날 빛
피안의 세계가 아니던가.

정치란 무엇인가?
백성들 배 득득 긁고
단잠 자고 나서
긴 하품 저절로 나올 때
오뉴월 개 팔자로

곤드레만드레 되는 일

잘라진 날빛처럼
부러진 칼날처럼
조선의 역사가
쓸모없이 돼버린
아! 흐르는 강물이여.
슬픈 민족이여.

시원한 바람 불어오다가
그만 지쳐 쓰러져버린 시체
절망과 고통이 나풀거리는 강 언덕에
거울이 보이지 않는
역사의 부름이여!
민족의 부름이여!

역사는 가정이 없다.
오직 과거와 현실만 있을 뿐이다.
현실은 고통이고 미래는 꿈일망정
역사가 어찌 사랑방 이야기로 남을 건가?

꿈에 빠지는 것은
이상일지라도
내가 움직이는 것은
오직 현실 위에 있을 뿐이다.

역사를 바로 세우는 자에게는
현실의 역경이 두렵게 느껴질지라도
내 몸 안에 있는 조국

정치는 어떠냐.
현실을 뛰어넘는
묘수는 없다.
기적이라는 것은
먼 미래에 얻어지는 것이 아니라
현실에서 눈에 보이는 꽃이니라.

이름이 없으면
이름을 붙여 불러주고 문
을 두드리면
먼발치라도 열어주고
고기 잡는 방법과
끓여 먹을 수 있는 수단을
가르쳐 주는 것이 정치가 아니더냐.

마음이 편해야 하지 않는가.
배가 불러야 하지 않은가.
정치政治와 전술戰術은
함수관계函數關係
전봉준 장군은

전술이전에
정치를 먼저 알고 있었던 것 아니냐.

정치는 있어도
백성에 이반되는 정치이고 보니
구멍이 나도 황소 구멍이라
외환外患이 넓은 구멍을 마다할건가.

정치는 어디서 나오는가.
질서를 가지며
사람이 사람답게 사는 일
정치는 본치本治이고
본치는 사람이다.

문화 인류의 역사는
원시 시대의 깃발을 원한다.
그처럼 행복한 인류가 있으랴
그처럼 아름다운 행복이 있으랴

축생을 하여
축생을 부리고
육덕이 살찌는 지혜
이기利器를 만들어
문명을 창조하는 능력
이 모두가 사람 된 일이고

창조주의 지극한 신념이라.

우는 자는 달래어 주고
근심에 빠진 자는 위무慰撫해 주고
힘이 부족한 자에게 조력해 주고
가진 자는 없는 사람 도와주는
넓디넓은 세상
이게 세상의 이치거늘

봉준은 홍길동의
율도국을 머리속에 그려보기도 하고
힘을 얻기도 했지만
조광조의 가슴 아픈 말도
밀지를 띄운 지 오래
각 고을 장수들
적으면 몇 백 명
많을 때는 수천 명이
구름처럼 모여들어
함성이 포효로 변하니
기백명의 관군이 범할손가.

파죽지세破竹之勢
백성은 또 어떠한가.

부족한 식량 부족한 무기

부족한 옷감 상처를 치유하고
다시 뭉쳐서 군영으로 돌아오는 병사들
산을 이루고 있으니
천군만마를 얻은 동학군들의 위용은
하늘에 다아 있어라.

여러 번 전쟁 경험이 축적된 농민군들
심기일전의 계기로 고향을 뒤로한 모습에서
어찌 향수심을 발견하랴
오직 우국하는 마음만이
얼굴에 가득하니
장수들 발걸음이 가벼워
희망은 한 발 다가온 느낌.

삼례參禮란 이름이 무엇인가
썩어빠진 관리들의
충복忠僕이 만들어 낸 지명이 아닌가.

우의정 이서구李書九가
전주 관찰사로 부임할 때
이곳에 당도하여
북쪽을 향하여 순조 임금께
세 번 절을 했다하여 붙여진 이름
내려오면서 몇 백 번

어전에서 얼마나 허리를 굽혔을까.

사통팔달四通八達 지역
호남의 곡창穀倉
천심이 민심으로 깔려진
후덕한 땅

비록 훈련이 안된 병사들이지만
군율은 살아
이동시 거대한 산맥山脈을 이루고
흐르는 물과 같이
거침이 없겠다.

전주의 최대봉崔大鳳
정읍의 손여옥孫如玉
나주의 오권선吳勸善 등이
여러 장수와 앞장을 서고
광주의 박성동朴成東
담양의 김중화金重華
고부의 정익서鄭益瑞 등이
후미를 맡아 진군할 제
여름 하늘의 뇌성雷聲이 이보다 더하랴.

누가 호사다마好事多魔라 했던가.
또 다른 전갈이

병사들을 갈라놓고 마니 웬일인가.

왜병이 서해로 이미 육도陸到하고
남해로 진군한다는 소식
손화중孫華仲 최경선崔景善을
나주에 보내어 적멸하고
그 잔당을 남원에서 섬멸하려
김개남金開南을 유진留陣게 하였겠다.

보은 땅 장내리帳內里에 진을 치고 있는
북접파 최시형 김연국金演國
손병희孫秉熙 손천민孫天民 황하일黃河一에
동안의 사정과 뜻을 전하여
어렵사리 동참의 뜻을 얻어 진력하고
전라도와 충청도에서
십여 일이나 늦어진 계획
협공하듯 위로위로 달려가니
하늘이 감동했는지
눈물까지 흘리는 날이라.

드디어 북접이 움직이기 시작했다.
최시형이 전봉준 장군의 의중을
받아주는 만천하의 합일
외세를 막고

사발통문의 역사가
다시 꿈틀거리기 시작했다.

제8장 공주성을 넘어라

월 전주화약
농민군 요원(?原)의 불길같이
각지에 타올라
벌판을 달릴 때

교주 최시형은
앞을 막아서서
때가 아니라고
고래고래 소리를 지르니
휘하의 병사들
숨이나 쉬겠는가.

최시형이 기회주의자인가
전봉준이 무지몽매한 사람인가.
남접이 우국충정의 깃발인가
북접이 우국충정의 기다림인가
알 수가 없도다.

돌각 담을 끼고 노는 아이들
얼굴에 핏기는 없지만
그래도 뭐가 신나는지
방방 뛰면서
노래를 부른다.

새야 새야 파랑새야
녹두밭에 앉지 마라
녹두꽃이 떨어지면
청포장수 울고 간다
(이 민요는 한국구비문학대계, 조선구전민요집,
한국민요집에 수록 돼 있음)

성웅聖雄의 야심은
잡을 수 있어도
민심의 도도한 물결은
어느 누구도 막을 수 없는 일

드디어 9월의 함성이
북접 지역에서
기세를 올리니
억눌렸던 백성들의 기세가
산을 타고 천리를 달리니
온 산하가 백기白旗로 펄럭여

하얗게 펼쳐지더라.
그런 8월 12일 (양력 9월 11일)
왜인과 작은 충돌로 인하여
사상자死傷者가 발생했겠다.

충청도 천안天安
우리 백성, 선량한 백성
오고가는 소로의 교량을 놓는데
일본인들 거드름 피우며
우리 조상 양반들 흉내 내며
팔자걸음으로 비켜라 하니

허허, 잠자든 토끼가
큰 하품으로 웃을 일.
졸고 있는 생쥐가
물에 빠져 허우적거릴 일이 아닌가.

팔자걸음은
조선인의 케릭터 이니라.
쪽발이 걸음
어이 흉내를 내려하나

네들은 뱁새 걸음
우리는 황새의 걸음 아니더냐.
뱁새가 황새의 큰 뜻을

알 수 있겠느냐
그래서 팔자걸음 이니라

왜놈의 행세에
조선인의 감정이
잠자코 있을 손가

“비켜주지 않는다면
없애버리겠다.”
일본 놈들 큰 소리에
“요놈들 어느 땅이라고
양반 고을에서 거드름이냐.”

우두머리격인 족제비 같은 일본 놈
앞장서서
모두 부셔버리라는 말 한마디
얼씨구, 해볼 테면 해봐라
조선인의 고집이 질소냐.

삽과 괭이로 뒤통수를 쳐
2~3명 죽이니
겁 많은 왜놈들
넋을 놓고 달아나려하나
몇 발자국 못가 잡혀와
주검을 당하니

울어 줄자도 없어라.

소문은 꼬리를 물고
무족지언천리행이라
조정과 대신들의 입으로 전파 되니
삼라만상이 춤을 추고
백성들 이만한 쾌재가 또 있겠는가.
밤마다 모닥불 피어놓고
설익은 송화주 퍼다가 한 순배 돌리니
양반 쌍놈이 따로 있을소냐.

웃고 즐기는 사이
심사가 뒤틀린 왜놈들
웃는 꼴 못 보는 심사라
땅을 치고 통곡하며
북쪽하늘 손가락질 한다.
조선 땅 짓밟고 말리라는 호통

일본 정부 호기好機라
거류민居留民 보호란 명목아래
조선정부에 항의가 빗발치니
평온이 없는 나날.

백성인들
나랏님의 시달림을 모르랴

조선 관리들보다
백성이 분개하여
결속된 마음들

드디어 9월 한 달
최시형崔時亨 밀지가
마을마다 맞불처럼 번져 가
음죽현陰竹峴 진천현鎭川縣
청주성淸州聖 쳐부수고
천안의 김화성金化成 목천의 김용희金鏞熙
천안 목천木川 전의全義 고을을 습격
군기와 재곡財穀을 모아
세성산 細城山 이 성城이 되더라.

9월 하순
안동安東에 3천여 명의
동학농민군 봉기의 횃불을 들고
서상철徐相轍 휘하에 집결

방문을 내놓은 즉
일본군 궁성宮城 입성이 아니 될 말
이에 각 고을 뜻있는 선비
9월 25일 명륜당明倫堂에 모이라.

내용인즉

"호서湖西 충의 서상철은
대의로써 우리 조선의 의로운 군자君子와
모든 국민에게 고告하노라
산에 올라 불음에
사방에서 모두 응應함은
그 소리가 높고 커서가 아니라
들리는 바가 의롭기 때문이다.
中 略
이 격문을 보는 대로 등騰하여
1부는 관내의 백성들에 돌려보고
원문은 이웃 고을에 전하며
이웃 고을은 또 이웃 고을에 전하게 되면
듣지 못하여 모르는 이가 없을 것이다.
만일 중간에 전하지 않는 자는
불충불의不忠不義의 사람인지라

부자父子가 있을 때는
아들이 보고
형제가 있을 때는
아우가 나와
충성을 다 할 지니
창이나 검劍을 준비할지어다."

아! 1894년 9월이여
동학혁명군 역사에 남을 달이여!
삼례 재기포는 죽은 자를
살아나게 외치는 함성
역사에 또 이런 날이 있었던가.

굶주린 자 마다않고
부상당한 자 상처를 동여매고
얼씨구 시체가 되어
고향땅 묻혀도 좋네.

나 하나 목숨 던져
이 강토 지켜
후손에 길이 길이 물려주세
얼씨구 시체가 되어
산까치 밥이 되어도 좋네.

호남에 전봉준
호서에 최시형
영남嶺南 관동關東 근기近畿 해서海西
각 고을마다 세력이 파급되어
천하가 농민군으로 백산白山이 되더이.

동학무리가
10만에 이르러

동에서 번쩍
서에서 번쩍
구름처럼 모였다가
바람처럼 흩어지니
순무영巡撫營을 두고 경병京兵
전라, 충청 영병으로 토벌에 나섰으나
중과부적衆寡不敵
북쪽 하늘을 볼까
남쪽 하늘을 볼까.

조정은
한 칼을 들어야 할 처지
양호도순무영兩湖都巡撫營을
도순무사都巡撫使로 임명
동비(東匪-동학군을 지칭) 진압하라는 엄명

다급한 마음
일본군 청원하려 했더니
제놈들 먼저 알고 달려와
접대가 소홀하다 하여
좌수座首 한여교韓璵敎
호장戶長 이응오李應五
이방吏房 김한영金漢榮
조선 감옥에 가둬

우리 군령을 유린하니
허허, 별난 세상 다 있구려.

충청도 전지역에 번지는 들불
산으로 들로 번져
북상을 시도하니
이두황李斗璜을 남으로 보내어
정벌하려 했으나
몇 날이 지나도 감감무소식 나
랏님 가슴이 검게 타
숫검정이 되누나.

이두황은
작은 돌맹이에 지나지 못하는 병사들
마파람에 개 눈 감추듯
담배 한참 소일거리로
전쟁은 끝나버렸겠다

몇몇 쫓겨 온 조선의 병사들
물에 빠진 생쥐가 이보다 더 불쌍하랴
일본군 白木誠太郎 중위 휘하에 예속되니
눈물이 없어 통곡을 못하고
낙오병 신음소리는 민족의 아픔이
갈기갈기 찢어진 절규

이두황 그래도 목숨은 질겨
잔병을 이끌어 모아
불사이군不事二君하는 청렴으로
동학군에 대적하니
쥐구멍은 조금 있더라.
허나 전봉준 휘하의 장병들
후퇴를 모르고 충청도로 충청도로
개미처럼 꼬리를 물고 달려드니
공주성 하나만 보이고

하늘의 기氣를 받아
땅의 지기地氣를 받아
용광로鎔鑛爐처럼 치솟는
보국안민輔國安民의 충정
제폭구민除暴救民의 애민愛民
척양척왜斥洋斥倭 자주적 깃발
농민군의 신나는 전쟁이 아니고 뭐랴.

제왕은 신하와 백성을 위해서
선정을 베푼다지만
무논에서 첨벙이는 잠뱅이 사랑을
이 때가 아니고 언제 베풀거나.
우리도 무지랭이 사랑이 있다오
우리도 끝 모를 사랑을 나눌 수 있다오

나무를 사랑하고
풀을 사랑하고
부부애보다 더 짙은 눈물
이 땅에 뿌리며 살고 싶소.

양반 골 산성을 넘나드니
집집마다 문을 열고
주인 반기듯 접객接客하니
세상인심 하나로구나
세상인심은 후덕하구나.

홍성洪城 예산禮山 서산瑞山
태안泰安 정산定山 온양溫陽 당진唐津
금 그어 놓은 땅

산들은 하얗게 백산이 되어
산에는 광목을 빨아 널어놓은 듯
농민군 진을 쳐
그 함성이 지축을 흔든다.

진영마다 너울거리는 농민군 깃발
농가는 얼마 전 까맣게 타
잿더미로 변하여 살 집이 없는 신세
이제는 가도 가도 황토 길이 아니라
가도 가도 막막한 길

가도 가도 숯검정 집들
어차피 돌아갈 집이 없는 농민들
보는 이마다 한 숨 짓고
동병상련同病相憐 서로서로 위무하고
가슴을 쓸어 주더라.

친구의 생사를 확인하는 사람들
이웃 마를 소식에
귀가 커지고
승패勝敗를 넘나드는
관군과 동학군의 이야기는
너나없이 입에 올려
분단장을 하려는 가련한 사람들
그러나 종국終局은 내 나라 걱정
이 나라 백성이 아니고 누가 근심걱정 해 주랴.

낮이 되어도
충청도의 하늘은 조용하다.
밤이 되어도
충청도 하늘은 조용하다.
이무기를 잉태하는 침묵일까.
전쟁전야에 총성이 멎음은
애간장이 더 타는 법
차라리 불꽃이 보이는 전쟁이

내가 살아 있음을 확인하는 순간이 아니랴.

첨병들의 전갈이
숨 넘어 가듯 다급하게 쏟아지고
잡히고, 죽는 일
시체로 나뒹굴어져
슬픈 하늘이 드디어 눈물을 흘리는 세상
폐허의 땅에서 천국의 꿈을 꾸듯
피투성이 된 병사들

절규絕叫로 우짖는 소리
늑대와 무슨 인연의 정을 나누는 듯
밤이 이슥해도 홀로 외롭게
피를 빨아 가는 울음만 날린다.

이두황 이규태와 손을 잡고
생사고락을 맹세하여
오직 살아갈 길은 하나
중과부적일 때
외세의 힘을 빌리는 일.

조정은 청군을
왜병을 부르다가
넋이 나가고
신하들만 처마 밑에서 밤을 지새워

충성인 듯 눈물을 흘리는 꼴

왜병은 몇 백 명씩
군락群落을 이루어 기세 등등
신무기 자랑하듯
여기서 펑펑, 저기서 탕탕.

낙엽처럼 힘 한번 써보지 못하고
죽창은 비명으로 넘어져
슬프게 어머니를 부르는 절규
아! 슬프다.
아! 슬프다.

부러진 죽창이
땅에 박혀 뿌리를 뻗고
새 움이 나기를 바라는 간절한 마음
허나 밑동이 하늘로 올라갔으니
이 일을 어찌하랴

쫓겼다고 전쟁에 패배한 것은 아니다
고지를 점령했다고 승리한 것은 아니다.
어렸을 적 동산에서 전쟁놀이
점령보다는 빼앗기는 일이 많아
전략을 세우고, 힘을 모아
투쟁을 하지 않았는가.

그 때 군사놀이는
소년기의 밤을 불태우는 즐거움이었다.
이웃마을 점령군이 온다고
호를 깊게 파 통로도 만들고
밤마다 숨어서 지내던 일

적에게 들키지 않아야 한다고
낮에 위장하기에 바쁘고
밤에 투석전이 벌어질 때
실탄이 떨어지면 패전한다고
손톱이 빠지도록 주워 모았든 돌멩이들
스산한 밤에 여름 달빛은
왜 그리 아름답던지
얼씨구, 다시 되돌아가고픈 밤이여
얼씨구, 다시 되돌아가고픈 그리움이여

혹여 적이 기습으로 달려들까 두려워
첨병을 십 미터 앞에 보내지만
무서워 되돌아와 버리고
땅에다 귀를 대고
적의 음향을 살피던 추억들
그 때 마을과 마을은 적이었느니라

오늘이 그 밤이거늘

구름처럼 모여든
호남의 백성들, 경상도 백성들
충청도 자기 집 마당에서 분함을 참지 못해
충忠으로 일어나 의義로써 맺은
살신성인殺身成仁의 정신들

왜병보다 더한 세력이라도
겁 없이 달려드는 이리떼라는 사실을
왜 모르는가.
내 나라 내 국토에
왜놈이 웬 말이란 말이냐.

전봉준 장군 공주에 안착
숨을 돌리고 정황을 물어
일진, 이진, 삼진으로
군기를 세워
천군만마를 호령하니
병사들 사기 하늘에 닿아
물불을 가리지 않더라.

전쟁터에서 흘리는 피
그것은 보이지 않는
힘과 용기를 준다.
죽음은

신의 능력 같은 초능력을
갑절로 준다.

봉준이 이끈 병사
여러 전쟁터에서 단련된
잘 다스려진 군을
5~6만이 산허리에,
들판에 진을 치니
삽시간에 10만의 병사가
이심전심以心傳心으로 모이더라.

전장군의 일성을 뱉어
"의로운 죽음으로 왜인을 몰아내고
군신이 공존하는 평화로운 터전을
이룩하여 후손에게 부끄럽지 않게
남겨 줍시다."
"비겁한 죽음은 의에 적이니
살려는 자는 나를 따라 주거라."

깊은 숨을 쉬더니
"공주성만 넘으면 바로 경성이외다.
새로운 세상이 눈앞에 있소이다.
죽기를 마다하지 않은 자
살아서 처자妻子를 볼 것이며

두려워하는 자 부모를 봉양奉養 못할지니
기필코 대승을 거둡시다."

웅성거리든 기만 명
폭풍 전야같이 조용하더라.

논산論山 노성魯城에 당도한
영수領袖 전봉준은 최시형과 마주 앉아
충청도 관찰사 박제순朴濟純에게
최후의 통첩을 작성하여
사자使者 통고하니
호서순상 각하(湖西巡相閣下-충청감사)에게
글을 올리노라.

"천지간에 사람은 강기綱紀가 있어
만물의 영장이라 일컫는 바 거짓말을 하고
마음을 속이는 자는 사람이라 할 수 없으니
항차 국난에 즈음하여 어찌 외칙내유外飭內誘를 하여
백일하에 살아갈 수 있단 말인가.
일구日寇가 군대를 움직여
우리의 군부君父를 협박하고
우리 백성을 요란케 하니 어찌 참을 수 있겠는가?
임진왜란에 오랑케가 능침凌寢하여
궐묘闕廟를 소각하고, 군친君親을 욕보이고

백성을 죽였으니 이레 분개하여 천고에
잊을 수 없는 한恨이라.
초야草野에 있는 필부匹夫나 어린아이까지
그 울분을 감추지 못하고 있는데
항차 각하는 세록世祿 충훈忠勳으로
우리 평민보다 몇 배나 더하지 않겠는가?

지금 조정 대신들은
구차하게 생명만을 보전하려
위로는 군부를 협박하고
아래로는 백성들을 속여 일본에 상통
남민南民에게 원한을 이루고
친병親兵을 움직여 선왕의 적자를
해치고자 하니 이 어찌 된 일인가?
내가 하는 일이 물론
어려운 일인 줄 아나
일편단심一片丹心 죽음을 각오하고
천하 인신人臣으로
두 마음을 품고 있는 자들을 소제掃除하여
선왕 오백년의 은혜에 보답코자 하니
원컨데 각하는 크게 반성하여 의로써 죽으면
천만다행일까 하노라."

甲午 十月 十六日 在論山 謹呈

동학 농민군 몇이던가.
이십만 명
정예화 된 병사 손화중과 최경선이 이끌고
남방에 상륙하는 일본군 막으려고
광주에 진을 치고.
김개남 장군이 이끄는 부대는
예비부대로 전주에 남아
동학 세력이 약화되었으나
이 어찌 우연한 일이라 하겠는가.

관군의 수는 얼마이던가?
이규태李圭泰가 통솔한 병사 7백여 명
경리영經理營 순무영巡撫營
통위영統衛營 장위영壯衛營
좌선봉진 장병左先鋒陳將兵이 이천오백여 명
신식 무기로 무장한 일본군 2개 대대 병력
적을 탐지한 바
만여 명이 넘지 않는다는 희소식
비록 무기는 첨예화 된 장총 이라하나
길고 짧은 건 대봐야 아는 일

천우신조天佑神助가 있다면
아름다운 전승 미담으로 남을 일
다다익선多多益善이라 했던가.

10만여 명의 병사
조련은 안 된 병사들이라 해도
어찌 승산이 없겠는가.

가자, 가자
공주성을 치고
한양으로 한양으로 가자.
선왕의 얼굴보고
아랫녘에 충복忠僕이 있노라고 말하러 가자.

충청도 감사
백기를 들고
화답오기를 기다렸으나
밤이 깊어도
뻐꾸기 울음만 보내오니
날이 밝으면
네 목숨을 찾아 나서리라.
동학농민군 섬돌 위에 바위를 올려놓듯
굳은 결심을 아니 가지랴.

이에 격분한 전봉준 장군
김원식金元植 최호석崔鎬錫 이유상李裕尙
조종문趙鍾文 방학주方學柱 김혼제金鴻濟
윤지병尹芝炳 최사문崔士文 등을 선발하여

장수로 삼고
내일의 전략을 설명하니
모두 결심하듯
입을 한일자로 굳게 물더라.

10월 20일 미명未明
천지가 하나로 이어지는 날
북진을 하리라.
조국을 위하여
광영스런 죽음을 택하리라.

제9장 철천의 한 넘지못하는 강

전봉준 승전기勝戰旗 앞세운
농민군 뒤는 보이지 않고
앞만 보고 전진하는 기세
거칠 것이 무엔가.

우리 장군
함성을 몰고
곰치熊峙고개 단숨에 날리자
우금치牛禁峙 넘어 동으로 북으로
(소를 몰고 가지 못하는 험한 고개)
일본군 진을 친 우리 땅 찾아보자.

우리 땅에 씨를 뿌리고
물을 주어 오곡이 풍성하면
산천초목이 합장으로 찬양하려니
백성들 배가 부르지 않겠는가.

배달의 민족은

피가 하나여야 하느니
역사도 하나여야 하느니
정신이 하나여야 하느니
오직 홍익인간의 이념만이
이 땅의 영원한 씨앗이어야 하느니

잡놈의 피가 석이려하나니
왜놈의 피가 석이려하느니
둑을 쌓고 담수하는 것만이
조상의 거울이 되어야 하느니라.

짓밟힌 금수강산
왜놈의 깃발이 펄럭이는 오늘
내 조상의 얼 울고 있지 않는가
내 조상의 피 멍들고 있지 않은가

죽고 죽이는 전쟁
나무와 잡초들이 몸을 흔들고
구역질나는 숨소리를 내니
우금치 붉은 땅 가슴을 열고
역사를 말없이 묻어버리고 있구나.

이인利仁과 판치板峙를 격파하라
우리 농민군의 승리는 눈앞에 있다.
공주와 서울의 입성은

시간문제다 라고 외치는
지휘장들의 눈에는
총명한 광채가 번득거렸다.

성하영成夏泳 경리청군과
호남군의 전봉준 주력부대가
일촉즉발 섬광閃光 튀기는 찰라
겁 많은 경리군
먼저 포를 쏘아
신호를 올렸겠다.

죽기를 마다 않고 개미떼같이
몰려오는 농민군들
성하영 별동대라한들
어찌 당해내랴
그 날의 전쟁
그 날의 승리
잡초들만이 알리라.

돌부리에 적신 피비린내
황토빛 산야만이
그날의 참상을 알리라.

홍주목사 이승우李勝宇의 관병도
하루아침 번개 빛으로 섬멸하였으니

어찌 괴멸이 어렵겠는가.
120여 명의 전사
300여 명의 부상자
대패한 관군의 기록이니
승승장구 패기를 논한들 무엇하랴.

그러나 신식 무기로 무장한
관군과 왜병들 몇 개의 소대가
자기들 안방같이
어린아이 문지방 가로막듯
여기는 못 넘는다고
지키고 있지 않은가
일진일퇴一進一退는 병법의 상식
3면의 공격에
3면의 방어진
북과 꽹과리는 누구의 소리인가.

이 산에서 함성을 지르면
저 산에서 함성의 포효로 날라 오고
여기서 부르면 저기서 화답하고
관군과 동학군 손을 내밀면 닿을 듯
내 동포 내 백성이 아니던가.
슬프다 역사여!
애닯도다 동포여!

조선인은 죽어서도
산 자들의 축복을
산자들은 죽은 자의 무덤에 꽃을 놓고
명복을 빌며
산자와 죽은 자를 구분하지 않는
내선 일체의 갸륵한 영혼들이여

영과 육이 분리되지 않는
영혼일체의 지상주의를
조선에는 있나니
그대들은 아는가?

죽음을 마다하지 않고
죽창을 들고 달려 온 백성
낙엽이 져버린 산이 온통 희구나
동학군으로 산허리 끝이 없이 덥혀
이만한 전경 세계 전쟁사에
어디 또 있겠는가.

총 한방 쏘고 숨어버리는
왜병들 얄밉구나
화살 한 촉 날리기 위해
조준하는 시간 너무 길어
세상천지 이런 전쟁이 어디 또 있겠는가.

허나 전쟁은
신나는 꼬마들의 전쟁놀이
피를 토하고 죽어 넘어진 사람들
모두가 장난 같은 느낌

누가 그랬든가
전쟁은 죽지만 않는다면
찬란한 불꽃놀이라고
넋을 놓고 구경할만하다고.

농민군은 신이 났다
농민군의 함성은
초야를 묻어버리듯
봉우리마다 오색 깃발로
하늘을 치받고 있구나.

처절한 피비린내
오늘은 공주 내일은 수원
모레는 한양성
신바람 나는 세상이
하늘아래 열려있다.

아니다
이게 꿈이었으면 좋겠다.
가위눌림의 꿈이라도

무섭게 달려드는 사자 앞에서
골백번 도주하는 고통이라도
꿈속이면 좋겠다.

이게 웬일인가
우군의 진지에서 달려 온 전령
패퇴하여 진지를 버린 지 오래고
부상당한 자 신음으로 땅을 치고 있단다.

기실 봉준의 휘하 전투도
예외는 아니었다.
전력을 다 했으나
전투력 손실은 시시각각으로 달라
불가불 양단 결심이 서지 않는구나.
이 일을 어찌할까
이 일을 어찌할까
우리 동학군
비명소리도 내지 못하고
피만 토하고 죽는구나.
어이할꼬.

왜놈들 화살촉을 맞고도
몸이 가려운 듯
먼지 털어내듯 씩 웃고

덤벼드는구나.

아비지옥이 어디냐
유황불이 활활 타는 지옥이
어디 따로 있다더냐.
피 묻은 손으로 가슴을 쓸어안고
단말마의 신음은
신의 역겨운 노래 소리이어니

피의 꽃이 만발하여
옥토가 농민군의 검은 영혼으로
울부짖고 있구나.

만여 명의 병사
절반으로 줄어들고
절반에서 절반으로 줄어드니
묘책을 강구하자.

다급해진 전봉준 지휘소
전쟁은 사기충천도 좋지만
인근 지역의 민심을 얻어야
승전할 수 있는 일

호소문을 작성
거리와 병영 안에 뿌려라

"누대의 적국으로 지내다
인방隣邦으로 다가와
성상의 인후하심을 힘입어
문을 열고 들어와
개화당을 앞세워 입궐
군부를 핍박하고 방백 수령까지
손아귀에 넣어
승상의 입과 귀를 막아버리더라.

이에 우리 동도가
의병을 들어 왜적을 소멸하고
개화를 제어하며 조정을 평정하고
사직을 바로 잡자 함이니
동참은 물론
접전으로 승패는 없으나
인명의 살상은 피차에 공존하니
어찌 불쌍하지 않으리오.

본시 조선인끼리 상전 하자는 바 아니거늘
골육상쟁骨肉相爭이니
이 어찌 애닯지 않으리오.

또한 공주 한밭 일로 논한다 하여도
참혹하여 후회막급이라

또 왜병이 서울을 누르고 있어
팔방이 흉흉한데 편벽되어
상전하면 어찌 될건가.

일변 생각컨데 조선 사람끼리
도道는 다르지만 척왜斥倭와 척화斥和의
뜻은 일반이라
두어 자 글로 의혹을 풀어 알게 하노니
각기 돌려보고 충군우국지심이 있거든
곧 의리로 돌아오면 상의하여 같이
척왜척화 하여 왜국이 되지 않게 하고
동심협력하여 대사를 이루게 할세라."

갑오 11월 12일 東徒倡義所
(위의 내용은 필자가 필요한 부분만 간략하게 발췌하였음)

경군의 진중에서는
주먹밥을 들고
"여보게 우린 지금 누구를 위한 싸움인가."
"글세, 누가 아군이고 누가 적인지 모르겠네."
또 다른 병사는
"우리는 충신인가 역적인가
고참병인 듯한 사람이
"농민군이 역적이다."

왜 그러느냐고 옆에 초라한 병사가 묻는다.
"간단하지 않는가."
여러 명의 병사들이 핏빛 서린 눈으로
활의 시위를 당기다 말고
"자네들이나 나나 어디에 서 있는가.
경군의 진영에 있지?"

동학군의 진영에 서 있으면
경군의 적이란 말이다.

일본군이 다가와 지껴리니
두 눈을 크게 뜨고
관군의 병사들 오금이 저린 듯
입을 다물고 인형처럼 서 있다.

불쌍한 내 동포여
어찌하여 이 모양 이 꼴로
피를 보고 있는가.

천지신명의 가호가 있다면
이 땅에 평화를 주지 않고
여우 울음 같은 고통은 주고 있는가.

일본군의 신식 무기는
농민군의 사기를 저하시키고

패주하는 무리로 만들겠다.
기관총의 위력은
농민군들의 간담을 써늘하게 만들고
전봉준의 귀에도 괴성의 소리로만 들렸다.

애초에 내게는
형체도 이름도 없었다

이 지구는 잠시 빌려 앉은 자리
이름도 형체도 돌려주고
이제 불길에 휩싸이는 땅에서
모든 것을 버리자

나의 형체와 이름이
물거품으로 일어났다가 사라지는 것이니
전쟁 속에서 절망과 고독도
불만이라는 우주의 한 줄기 빛으로
그렇게 사라지나니

오늘의 의로운 봉기가
햇볕으로 머물다가 쫓겨나고 있으니
진흙으로 덮어버리고 지나가자

전쟁은 누구를 위한 것도 아닌
그저 삶에서 밀려오는 물결

지구는 둥글게 공중에 떠 있을 뿐
그 밖에 아무것도 아니다.

정부군과 일본군의 연합작전이
어느 때부터 시작되고 있었겠다.
이두황의 장위영군을 보내어
노성의 서쪽 길로 다가가 포위하고
후방 500여 미터에서는
포 소리가 진동
하늘에는 검은 회색빛 연기로
채알을 치듯 덮여
보이지 않더라.

때가 아니라고
전멸全滅은 아니 되니
전봉준은 후퇴의 명령을
지휘장들에게 알리고
대촌大村으로 본진을 옮겨
일전불사一戰不辭였지만
소토산小土山으로
또다시 황화대(黃華臺-지금의 봉화산)로
반찬 훔쳐 먹은 개 몰아치듯
한숨조차 쉬지 못하고 쫓기는 신세라.

천보총(千步銃-소리가 크고 멀리 나갔다함)
후문총(後門銃-소리가 가늘고 빠름)
화승총(火繩銃-소리가 虛하고 가까운 거리에 떨어짐)
원근에 흡사 조粟 쏟아지듯
떨어지는 총알
기세등등한 농민군
어찌 겁이 없을 손가.

저놈의 총을 빼앗아야한다
대포를 빼앗아야한다.
일본군들 어떻게
우리 병사들의 수를 알며
퇴로를 보고 있을까
귀신이 곡할 노릇이라.

대장부 기개
날개가 물에 젖어
퍼덕일 뿐
두 발로 기어
원평 땅 진을 쳐
민심을 안심시키는 일
허나 분하도다!
감당키 어려워지는구나!

처자식이 두 눈뜨고
어미 등에 업혀
지는 해 뜨는 별
차가운 북풍에 실려 오는 소식
간담이 싸늘하여
뜬눈으로 세월을 가르니
백성인들 사족이 보타는 일이 아니던가.

최공우崔公雨장군의 전사는
흩어지는 농민군들의 사기를
조금은 되찾아 주었겠다.

11월 22일 일본 시라키 대위
윤지영 김광수가 통위 영병을 이끌고
동학군을 기습하니
배수의 전법인 듯
살아남은 자
비겁하게 투항하느니
떨어지는 낙엽이 되리라 하여
절벽에 투신하는 장졸이 많더라.
그리하여 죽은 귀신이라도
이 땅을 사수하리라.

최공우 눈을 뜨니

나뭇가지에 육신이 걸려
살아나니 신기 하도다 하고
동지를 다시 규합하니
인근의 부녀자들까지
우리 장군 장군 하고 모여든다.

그러나 어느 사이
통위 병영이 집을 에워싸
결박당하는 사자가 되니
어이 힘을 쓰랴.

이제는 살아날 방책 없어
"내 남은 재산 무엇 하겠느뇨,
너희 병사들에 나눠주려니
잠시 동안 날 편케 해 달라."
싫어하는 병사 없어
여흥까지 베풀어주니
만취한 병사들
"이만한 대접을 받았으니
어찌 청을 들어주지 않으리." 하고
결박을 풀어 주었겠다.

노래를 부르는 놈
독한 술에 취해 떨어진 놈

기진맥진한 놈
군율이 없어 시장 속 같은 아수라장
때를 놓치지 않고
결박을 풀고 장검을 들어
일성에 통위 영병을 휘몰아칠 때
일본군에 죽으니 어찌 장하지 않으리오.

관군과 일군은
고을마다 쑥밭을 만들고 불
을 놓아 초토화
빈대까지 다 죽이는구나.

만행蠻行이 곳곳에 널려
여린 백성들
오금을 못 펴고
뒤안길로 빨려가
이지러진 달을 보고
슬프게 슬프게 운다.

춘향의 이별의 한이
이보다 더하겠는가.
심청의 애달픈 마음이
농민군의 쓰라린 가슴만 하랴.

어쩌면 죽음 앞에서

흘리는 눈물도 오늘의 농민가슴을
정영 위무해 주지는 못하려니

기울어져 가는 해에게
희망과 용기를 주는 편지를
누가 쓸 것인가
꺼져가는 지구의 표피를
누가 메워 줄 것인가.

쥐꼬리만한 벼슬에 매달려
민족의 피를 부르는
상투잡이는 누구란 말이냐
빌어먹을 세상
콩 볶듯 무쇠 속에 넣어
일 년 열두 달
불을 지펴 증발시켜버리자.

전봉준 장군
구미란 뒷산에
품자品字형 진을 치고
적병을 굽어보니 사
방을 에워싸 요지부동
드디어 깡마른 하늘이 불타기 시작
뿌연 연기가 하늘의 이불을 만들고

그 소리는 지축을 뽑아내듯
천지가 진동
세상의 끝인 듯
하늘이 하늘이 눈물 쏟더라.
억수로 쏟아지는 빗물이 괜한 비이겠는가.

지리멸렬支離滅裂한 병사들
전 장군 눈치 꼬치 볼 것 없이
삼십육계 줄행랑
피투성이 몸뚱이와 팔 다리
싸움 한 번 제대로 해 보지 못하고
왜놈의 신식총에 낙엽 떨지 듯
여기저기서 픽픽 쓸어 지는 농민군들
태인泰仁에 집결하라는
짧은 말 한마디
그것은 청천벽력 같은 후퇴명령

여린 백성들
동학군을 지원하던 모습
어제 인심 다르고 오늘 인심 다르니
통탄의 눈물 어찌 감당하랴.
그것도 그럴 것이
동학군 냄새만 나면
양반들 당한 일 생각하며

주리 틀어 마당에 팽개치고
찰떡 치듯 볼기 때려
피 말려 죽이니
세상인심 조석변이라.

전쟁은 언제나
사기충천과 절망이 교차하는 곳
기쁨과 눈물이 동시에 흐르는 강
그러나 어느 것이 진정 내 것 이련가
무엇인지를 모르는 곳
이처럼 큰 비극은 없다.

지친 동학군들
아무데나 주저앉아
코를 땅에 쳐 박고라도
눈을 붙이고 심은 무아지경
죽음이 무엇인지도 잊은 지 오래
그저 살아 있다는 것만 다행이라
줄행랑도 오금이 저려
제자리에서 뛰고 있구나.

목숨 하나 던지는 의미를 알고 있을 때
왜 내가 총을 들고 있는가를 알고 있을 때
활시위를 당겨 적의 심장을 겨눌 때

눈물을 흘려보는 자 만이
그리고 피의 흐름을 절절이 느껴보는 자만이
자기의 삶을 알고 있나니

비록 무지한 농민군이지만
그들은 삶의 깊은 의미를 알고
처절한 삶의 애환을 아는 사람이 되었도다.
순박한 석현의 경지에 머물러 있나니
이보다 더한 성현이 어느 시대에
불같이 나타나겠는가.

위대한 농민군
그 높은 철학은
우주의 진리로 이 땅에 씨 뿌려지니
척박한 땅이라 한들 어찌 생명을 거두지 않으리.

일본 놈들의 무자비한 총탄이
기세등등하여
하늘보고도 총질이니
어이 살아남을 백성 있으리오.

태인의 성황산城隍山 한가산閑伽山에
진을 쳐 최후의 보루로 여겨
심기를 다잡으니
다시 살아있는 농민으로 확인되고

일거에 칠 팔 천의 병사가 운집하여
청 록 황기를 북과 꽹과리에 맞춰
흔드니 다시 살아난 기분이 되더이

태인 원평 정읍 고부
손바닥 보듯이 지리를 알고 있었기에
최후의 접전 지역으로
일군과 관군을 주검으로 영접하리라.
최후의 보루에서
혹세무민을 벗어버리고
보국안민의 정신을
기필코 보여주리라.

어느 병사 하나가
눈물을 글썽이며
무슨 노랜가 부르고 있다.

"새야 새야 파랑새야
녹두 밭에 앉지마라
녹두 꽃이 떨어지면
청포 장수 울고 간다.

새야 새야 파랑새야
녹두 밭에 앉은 새야
녹두 꽃이 떨어지면

부지깽이 매맞는다.”

어디서 배웠느냐고 물으니
딸아이한테 배웠단다.
전봉준은 알 수는 없었지만
심금을 울리고도 남을
처량한 가락으로 의미심장한 노래였다.
‘파랑새’ 는 누구를 지칭한단 말인가
자신의 키가 작다는 것은 불문가지
전봉준도 어느 골목을 지나갈 때
언듯 들은 기억이 났다.
조금은 이해가 갔다
부르고 또 불러 보라고 했다.

김문행金文行 문행민文行敏접주는
이 산 저 산에 분포시켜 놓고
수가 많음을 과시하려 했으나
장위영 대관 윤희영尹喜永이 이끄는
병사 100여 명
이규식李圭植이 인솔한
관군 140여 명
스즈끼 휘하 20여 명
두 방면으로 기어오를 때
화룡총의 일부에만 의지하여

북을 치고 꽹과리를 쳤지만
대치가 아니라
패주만이 있을 뿐
승산은 없었겠다.

보이는 게 아군의 시체
살아서도 백산이더니
죽어서도 백산이구나

하늘이 꺼져 가는 아픔
어디 있겠느냐고 통탄을 해도
때늦은 일
더 이상 피를 흘리는 일은
아니 되겠다 하여
– 해산 ~ 산 –
그물에 포박 당한 사자 같은 울음
어이, 말로 더 표현하랴.

흙 한줌 쥐고
하늘을 본다.
요동치던 맥박이
새벽안개처럼 지면으로
빨려간다.

아침 해가 벌겋게 타오르는데

북풍을 몰고 와
가을 낙엽을 쓸어가
황량荒凉한 벌판뿐이라.

성황산 한가산 도리산
능선마다 골짜기마다
피로 얼룩진
붉고 하얀 무늬의 빛깔
천추의 한으로 남아
승천하지 못한 넋들

구천을 맴돌아
산천을 울리고,
원혼들이 들불마냥 서성이며
자기 집 문턱을 넘지 못하고
불쌍하게 문패門牌만 기웃거리고 있구나.

가련하다
우리 백성들
시신조차 찾지 못하고
찾았다한들 위패조차 못 모시는 처절함
호곡성號哭聲조차
위무하여 주지 못하는
세상이 돼 버렸구나.

호위군 몇 명을 이끌고
피신하여 다음을 기약하자는
일념 뿐

칠 팔세 되는
계집아이 서너 명이
가르마 같은 오솔길
힘없이 걸어가며

"새야 새야 파랑새야
네 무엇하려 나왔느냐
솔잎 댓잎 푸릇푸릇
하절인가 하였더니
백설이 휠휠 휘날리니
청송록죽青松綠竹이 날 속인다."

청승맞게 부르는 노래
애간장을 끊어간다.

끝 부분을 다시 고쳐 부르며
이제는 풀이 죽어 울듯이
노래를 부른다.
"엄동설한嚴冬雪寒이 되었구나."

봉준은 입을 열어

"여보게들, 지난 공주 우금치 전투 때
난 점괘를 냈다네.
경천敬天만 넘으면
한양은 목전에 있다는 것을
허나 목을 못 넘겨 후회되네."

호위병 하나
경천이란 말에 귀가 뚫린 듯
"장군님, 순창 피노리에
경천이 있지 않습니까.
깊은 산중이라
잠시 동안 그 곳에 머물러
장군님의 상처도 다스리고
고단하신 몸 쉬심이 좋을 듯 합니다."
(雙峙面 被老里-조선시대 노론 소론의 대립 때 소론이 이곳에 와 피신)

"게 좋겠네."

사람이 어찌 자신의 운명을
명함名啣처럼 알리.

사주팔자四柱八字

시비是非를 하지 말란다

누구나 공약公約으로 삼아야 할 일

금전 거래를 하지 말란다
호주머니에 돈 소리가 안나는 걸

구설수口舌數가 있다 한다
어디 혼자 사는 세상인가

내 이름이 나쁘다 한다
내 보기에는 당신 이름도

오십 안에 출세하려면
직장을 옮겨야 한다

인간의 욕망이 어디 자로 재어 있는가.
제 운명은 어디 두고
남의 운명 탓하니
이게 구설口舌아닌가.

(필자가 낸 첫 시집 《가을의 휘파람》에 있음)-

경천이 반겨
주막에 모셔 놓고
눈물 반 분노 반
융숭한 대접을 베푸니
잠시 동안 피신할 적격지라 한숨 돌리고

그 동안 못다 푼 회포
술 도가니에 빠져
곤한 잠에 빠져
혼절해 있더라.

한 때는 장군의 휘하 장병으로
죽창을 같이 들어
수심경천修心敬天의 정신으로
개혁의 기치를 들었던 동지

유방백세遺芳百歲보다
유취만년遺臭萬年이 그리운
천박한 생각
인심은 겪어 봐야 안다더니
하루아침에 변신한 경천
상금이 탐났던가.

경천은 내심 장군을 잡아 넘기면
돈도 받고 벼슬도 준다는 유혹에
그만 마음을 팔아버리는 졸장부로
역반의 마음이 회동하여 망설일 때
여편네 수심 가득한 얼굴과
배고파 징징 우는 자식의 핏기 없는 얼굴보고
눈이 뒤집히기 시작했나니

사람이 변해도
여반장如反掌이면
누굴 믿고 살 것이며
인심이 어디서 나랴

담장 너머 한신현韓信賢 불러
관가에 넘기니
이 어찌 통탄스런 일이 아니리오.
이 일을 어찌하면 좋다는 말이오.

1894년 12월 2일
역사의 끝이 보이는구나
하늘과 땅이
세 갈래로 갈라지는 징조라
뉘라 막을 손가.

경천敬天 이 놈
현상금에 눈이 어두워
밝은 세상이 안보이니
마땅히 굶주려 객사客死할 괘라

눈을 감고 지난날 더듬어 보니
전라북도 전라남도
충청북도 충청남도 경상남도 경기도

강원도 황해도 평안남도
기포하는 지역이 백여 곳
민중의 수는 기백만 명
눈을 감을 수 없구나.

공초가 무서우랴
고문이 무서우랴
조선 대신들
전봉준 앞에서 입만 놀리는
처량한 앵무새
일본 대신들
약 주었다 병 주었다
회유懷柔아닌 회유

–너희는 나의 적이요
나는 너희의 적이라.
내 너희를 쳐 없애고
나랏일을 바로 잡으려다
도리어 너의 손에 잡혔으니
너희는 나를 죽일 것뿐이오.
다른 말은 더 이상 묻지 말아라.
내 적의 손에 죽기는 할지언정
적의 법은 받지는 아니하리라.–

–정도正道를 위해
죽는 것은 조금도 원통할 바 없으나
오직 역적의 이름을 받고
죽는 것이 원통하다.–

왜놈들 유구무언이라
큰 거목巨木쳐다보듯
심문하다가 말을 잃는다.

전봉준 눈을 감고
그동안 애비노릇 못한
자신의 부끄러움 달래지 못한다.

집도절도 없이 떠돌며
애간장 녹여가는 식솔의 아픔
하늘인들 모르랴

용규龍圭야, 長男
용현龍鉉아, 次子
옥례玉禮야, 長女
성여姓女야, 次女

마음속으로 자녀들
이름을 하나하나 부르며
지극히 평범한 지아비로

눈물을 흘리고

사람 사는 일
얼굴에 거울처럼 보인다.

사람마다 뜻이 있어 노력하나
이루지 못하고 가기에
백성들이 불렀던 노래
가슴에 묻고 간다.

새야 새야 파랑새야
전주 고부 녹두새야
어서 바삐 날아가라
댓잎 솔잎 푸르다고
봄철 인줄 알지마라
백설이 휘날리면 먹을 것 없단다.

일 년도 채 안되는
야전사령관의 전투가 머리를 스쳐 지나간다.
황토현의 분기
전주성 함락
패주하는 관군의 모습들
그리고 전주화약

한편으로는 왜 내가 훈장질을 해서

여민들의 주동인물이 됐든가 하는
바보스런 뉘우침도 밀려오고
어차피 던져진 목숨 와전옥쇄瓦全玉碎로
죽는다한들 서러울 게 뭔가 하는 장한
의기도 스쳐지나간다.

삶은 발버둥치는 게 아닌가?
민심은 천심이고
천심은 민심으로 꽃 피워야
살만한 세상이 아니랴.

제10장 판결문과 공초록의 사슬

(1895년 당시 원문은 한자이나 그 때 당시 번역한 원문대로 옮겨 놓았음. 그래서 맞춤법과 띄어쓰기도 원문을 살려 두었음을 밝혀둡니다.)

제 37호

판결선언서(원문)

주소: 전라도 태인 산외면 동곡 居
직업: 농업 평민 피고 전봉준 년 41

우기자의 전봉준에 대하야
형사피고사건을 심문하여 본즉
피고난 동학당이라 칭하고
비도의 괴수로 접주라 부르고
개국 501년 정월에 전라도 고부군수
조병갑이가 처음 도임하여
자못 학정을 행하매 해지방인 등이
질고를 견디지 못하고 익년 11월, 2월분에

군수를 향하여 그 가정을 고쳐 달라 하고
애절하였더니

비단 소원을 이루지 못할뿐더러
두루혀 다 잡피고 옥에 갓치고
그 후에도 수 삼차 청원 하였건마간
즉시 물리치고
호발도 효험이 없난 고로
인민 등은 매오 분하여
수 십 명이 못 되어
장차 거사하려 할 때
피고로 맛챰 그 무리에 드러 드듸여
중인이 밀려 접주로 삼아
작년 3월 상순에
영솔기도하여 고부외촌 창고를 헐고
잔곡을 빼셔 진수히 인민을 배급하고
1, 2처에 작경한 후 한번 해산하였으나
그 후 접핵사
이용태가 고부로 나려 와서 몬져 작경한거슨
다 동학당의 소위라 하고
동학수도하난 자를 잡아
살육을 과히 하므로
이에 피고난 다시

그 도를 규합하여 모집하되
만일 불응자난 불충불의 된 사람이니
반드시 벌을 주리라 하고
다음 사람을 협박하여
기도 4천 여 명을 어더가지고
각기 소유한 흉기를 가지고
양식을 그 지방 부민에게 징봉하여
시년 4월 상순 분에
피고가 친히 그 도를 영솔하여
전라도 무장의서 니러나
고부 태인 원평 금구 등처를 갈새
전라감영 포군 1만 여명이
동도를 치러 온단 말을 듣고
한번 고부로 몰려갔다가
하루 밤낫을 접전 후
영문포군을 파하고 전으로 행진하여
정읍 흥덕 고창 무장 영광 함평을 지나
장성을 니르러 경군 7백 여 명을 만나 또 격파하고
주야병행으로 행진하여
4월 26일, 7일에 관군보다 몬져
전주성을 들어가니
그 시 전라감사는
임이 도망하여 간곳을 모르거날

그 익일에 다더려
초토사 홍재희가 군사를 다리고
성하의 박도하여 성밧하셔
거포를 놋코 공격하기로
피고가 그 도로 더부러 응전하여
쟈못 관군을 괴롭게 하니라.

이에 초토사가 격문을 지어
성중으로 던지고
피고 등의 소원을 드러줄터이니
속히 해산하라
효칙하엿난데
피고 등이 27조목을 내여가지고
상진하기로 청하였더니
초토사가 즉시 승낙한 고로
피고난 동년 5월 초5, 6일께
쾌히 그 무리를 해산하여
각기취업하게 하고
또 그 시에 피고난
최경선 이하 20여명을 다리고
전주로부터 금구 태인 장성 담양 순창
옥과 창평 순천 남원 운봉 등
각처를 열역유세하여

7월 하순 태인 제집으로 귀거하니라.

그 후 피고난
일본 군대가 대궐로
들어갔단 말 듣고
필시 일본인이 아국을
열합코져 하난 거짓인줄 알고
일본병을 쳐 물리치고
그 거류민을 국외로 축출할 마음으로
다시 기병을 도모하여
전주근처 삼례역이 토지광활하고
전라도 요충지지기로
동년 9월분에 태인을 발정하여

원평을 지나 삼례역에 니르러
그곳으로 기병하난 대도소로 삼고
진안거 동학접주 문계팔 김영동 이종태
금구거접주 조준구
전주거접주 최대봉 송일두
정읍거 손세옥 부안거 김석원
김세중 최경선 송희옥 등과 동모하여
상년 3월 이후 피고와
동사한 비도거괴 손화중 이하
전주 진안 흥덕 무장 고창 등처

원근 각지방 인민더러
혹 격문을 돌리며
혹 전인하여 유세하고
전라의서 군사를 모흐기를
4천 여 명이 되매 처처관아의 들어가서
군기를 강탈하고
또 각 지방 부민에게 전곡을 징봉하여
삼례역을 지나가면서
도당을 모집하고 은진 논산을 지나
당수 만 여명을 거나리고
동년 10월 26일쯤 충청도 공주를 다다랏더니
일본병이 몬져 공주성을 응거하여 잇기에
전후 2차접전하여 보앗건마난
두 번 다 대패하였는지라

그러나
피고난 더 일본병을 치려 하였더니
일병이 공주에 있셔 움직이지 않코
그면의 피고 포중이 점점 도적하여
수습지 못하게 되엇기로
부득기하여 한번 고향으로 도라가
다시 모병하여
전라도의셔 일병을 막으려 하더니

응모자가 없는 타스로
동모 3, 5인과 의론하고
각기 변복하여
가만히 경성으로 드러가
정탐코져 하여 피고난
상인행세를 하고
단신으로 상경 태인을 떠나
전라도 순창을 지날 때
민병한테 잡힌거시니라.

우에 기록한 사실은
피고와 및 그동모자 손화중 최경선 등이
자복한 공초 압수한 증거문적이 분명할지라
그소위는 대전회통형전중의
군복기마작변관문자부득시헌이라 하난 율을 조 하거니라.
우에 이유로써 피고 전봉준을 사형에 처하노라.

개국 504년 3월 29일
법무아문권설재판소선고
법무아문 대신 서광범
협변 이재정
참의 장 박 주사 김기 0 오용묵
會審
경성주재 일본재국영사 內田定槌

"초록빛 하늘
구름처럼 밀려오는데
봄바람은 왜 이다지도 세다는 말인가

동면했던 개구리
엄동설한에 무던히도 참아온 시절
적토마로 두 눈을 크게 뜨고 있는데
왜 언 땅은 풀리지 않고 있는가

계절의 변화에
만물은 예 같지 않아
천지사방에서 출렁이는 바람들
한 목숨 말하여 뭣하리

하늘 한 켠에 흐르는 구름
정처 없이 흘러가거늘
어느 도인 있어 비단결로 묶으려하나

자고나면 새날이듯
오늘 살아있는 목숨
땅 속 깊은 물로 흘러
네게 밑거름 되어 죽어 가리라."

결심은 굳어
생명 구걸은 왜놈에게 하지 않겠다는

초연한 모습
문득 스쳐가는 세상의 인연들
어찌 밀려오지 않으랴

전봉준 생가 앞 우물 터

"봉준의 집 앞 우물가에
동리 사람들 입을 맞춰
처량한 눈빛 떨어지니
세상인심이 여기서도 솟구치고 있구나.

옥례玉禮의 두레박 소리
아버지 마음 길어 올리는 것인가
한 길 두 길 끌어 올리는 두레박
백성의 인심 이렇게 맑거늘
세상밖에 떠도는 풍파는
먹빛 하늘로 가득하니

성녀姓女야
네 언니의 심정 알거들랑
우물가에 나가서
아버지 맘을 두레박에 넣고 오거라

날빛이야 자고나면
그날인진데

산천초목은 섧다 하고
울고 있구나

옥례야
세상인심 탓하지 말고
고운 심성 물같이 맑아다오
어미 아비 속이야
숯검정이 돼도
수심경천守心敬天하는 본심을
네 어찌 버리려 눈물짓느냐."

가솔의 만단정회를
어떻게 말로 다 표현할까마는
아비의 심정을 백포白布로
세상천지 다 덮는다하더라도
네들의 아픔만하겠는가.

전봉준 백이와 숙제를 생각하니
일편단심 살아 온 과거가
백화만발은 아니어도
남아의 기개는 굴절되지 않아
눈물은 아니 난다.

초목도 때를 만나
고이 성장하다가

목수의 톱날이 가슴을 베는 순간
원망하지 않고
자연스럽게 희생하여
또 다른 자연으로 환생하는
우주의 섭리
후회는 없었다.

다만 아버지 관아에 끌려가
곤장 맞고 시신으로 담장 너머에
짐승처럼 던져 질 때
상잔相殘의 아픔이 얼마나 컸던가.

전봉준 더 배웠다고
앞장서서 나아갈 때
아무 말 없이 따라준 어리석은 농민들
생목숨 펴보지 못하고
어린 자식들 앞에서
죽어간 모습을 상기하면
억장이 무너진다.

작은 사랑방에
천자문 배우려고
초롱초롱한 눈망울
몇 명이었던가?

어린 가슴에
씨눈을 티어 주려고
천자문 가르쳤던 일
음율 맞춰 암기하려는 십 여세의 학동들
그들이 눈에 밟히는구나

관군과 대적하여 진을 치고 있을 때
고구마를 삶아 온 인근의 아녀자들
방금 닭의 몸에서 막 빠져나온 듯한
따끈따끈한 계란을 보자기에 싸서
식을세라 단걸음에 달려온 후덕한 정
그들의 체온이 미치도록 그립구나.

어느 여린 백성
삶과 죽음이 무엇인지도 모른 채
목숨 내걸고
병석의 아버지를 돌보지 아니하고도
무작정 동학군 따라나서서
마음 편하게 살아보지도 못하고
싸늘하게 죽어간 이웃들
하늘에 별만큼이나 많은 목숨들

그들의 머리에
또 하나의 불효가 쌓여

날밤이 어지럽구나.

잘난 양반들
이방이나 참봉도
같은 계열이라고
그들의 반열에 서서 닦달하던 일
사람은 매한가지일진데
뭣이 잘나고 못났단 말인가

무릇 사람뿐만 아니라
동물과 나무와
풀들과 바위 덩이들
비 개인 하늘에 떠가는 구름에도
사람들이 감지하지 못하는 생명이 있을 진데
자연의 질서를 무시하고 살아야만 하는가.

벼슬이 있는 사람이나
벼슬이 없는 사람이나
사람은 매한가지
생명의 고귀함보다 더한 것이
어디 또 있다는 말인가.

천하고 귀하다는 굴레를
누가 만들어 놓은 비극인가
역사의 산물이라면

종이 분쇄기에 넣고
아니, 맷돌에 넣고
눈으로 보면서 너도 돌리고 나도 돌려
무심의 꽃을 피우며 살아보자

한 목숨 태어나는 것은 매한가지
왜 죽을 때는 다르게 죽어야 하는가.

동에서 나왔다는 동학
생명의 근원이고
천부적 인권은 평등이려니
너희와 나는 인간이란 공동 운명체가 아니랴

오직, 다르다면
그들의 성품이 같지 않을 뿐
인성은 하느님이 나누어 준 평등이니
적서가 있고 양반이 있는 것은
천륜을 역성하는 것이니
네들의 단명을 어찌 감당하리오.

전봉준 1차 심문과 진술(1895. 2. 9 음)

이 공초록은 중요한 부분만 필자가 발췌하였다.

문 : 나이는 몇 살인가?

답 : 41세이다.

문 : 살고 있는 곳은 어느 고을인가?

답 : 태인 산외면 동곡이다.

문 : 너는 전라도 동학 괴수라 하는데 과연 그런가?

답 : 처음은 창의로 기포하였고 동학괴수라 일컫은 적은 없다.

문 : 비록 탐관오리라 하여도 반드시 명색이 있었을 것이니 상세하게 말하라.

답 : 지금 그 세목을 다 말하지 못하겠으나 그 대개를 간단히 고하리라.

첫째는, 민보아래축보하고 늑정으로 민간에게 고시하여
상답인즉 일 두락에 이두二斗를 세로 거두고
하답인즉 일 두락에 일 두 세를 거두니
벼가 도합 7백 여석이요.
진황지를 백성들에게 그 정식을 허하고
관가로부터 문권을 주어 징세 아니 한다 하더니
그 추수시에는 늑정한 일이요,

둘째는, 부민에게 돈을 2만량을 늑탈한 죄요,

셋째는, 그 아버지가 일찍이 태인 군수를 지낸고로
그 아비의 비각을 건립한다고 돈을 늑렴한 것이 천 여량이오.

넷째는, 대동미를 민간에서는 정백미로
16두씩을 준가로 수렴하고 상납시에는
추미로 바꾸어 이조利條를 몰식한 일이요
이 외 허다한 조건은 이루 다 기득할 수가 없다.

문 : 지금 고한 가운데 2만량의 늑탈한 돈은 어떤 명목으로 행하였는가?

답 : 불효不孝 불목不睦 음행淫行 및 잡기雜技 등 죄목을 구성하여 행하였다.

문 : 이 외 고부군수가 어떤한 일을 행하였는가?

답 : 지금 진술한 바 사건이 모두 민간탐학의 일이나 축보시에 타산他山에서 수백 년 된 거목을 늑탈해서 베가기도 하고 축보하는 역사에 민정을 일전도 주지 않고 늑역하였다.

문 : 너의 가족은 몇 명이나 되는가?

답 : 가족은 합해서 6명이다.

문 : 너는 피해가 없었다 하는데 무엇 때문에 기요하였느냐?

답 : 한 몸의 해를 위해 기포하는 것이 어찌 남자의 일이라 하겠는가? 중민이 원탄하는 고로 백성을 위해 제해除害코져 하였다.

문 : 기포시에는 무엇 때문에 주모하였는가?

답 : 중민이 모두 나를 추대하여 주모로 삼은고로 민언을 따랐

다.

문 : 수천 명 중민이 무엇 때문에 너를 추대하여 주모로 하였는가?

답 : 중민은 비록 수천 명이나 모두가 어리석은 농민으로 나는 문자를 알고 있었기 때문이다.

문 : 네가 고부에 주접해 있을 때 동학을 가르치고 있지 않았는가?

답 : 나는 훈도로서 어린 소년과는 관계하였으나 동학을 가르친 일은 없다.

문 : 기포한 후에는 어떤 일을 하였는가?

답 : 기포후에는 강제로 징수한 세를 민간에게 돌려주고 관에서 축조한 보를 훼파하였다.

문 : 그런즉 너는 처음 일차적으로 관정에 소장을 올린 일이 있었는가?

답 : 처음에는 40여명이 제기하였으나 붙잡혀 갇히고 재차 호소를 하니 60여명이 쫓겨났다.

문 : 다시 기포한 것은 무엇 때문이냐?

답 : 그 후 들은즉 귀국(일본)이 개화한답시고 처음엔 민간에게 일언반사의 알림도 없었고 또 격서도 없이 솔병하고 도성에 들어와 야반에 왕궁을 격파 임금을 경동케 하였다는 말이 들리는 고로 시골 선비 등은 충군애국의 마음으로 분개를 이기지 못하여 의병을 규합 일인과 더불어 접전하여 일차적으로 이 사실을 청문하고자 하였다.

나는 무엇 때문에 지구에 왔는가?
일생의 화두는 풀리지 않지만
그래도 무엇 때문에 왔을까?

그대들이 마음이 편안해진다면
뭐든지 다 가져라
그러나 가지고 나면
또 부족함이 있을 것이니
아애 갖지 않음이 우리들의 행복

우리는 지구에 초대받아 올 때
아무것도 가지고 오지 않았다.
몇 줌 안 되는 뼈와 살과 피
그리고 그것들의 주인인 영혼 뿐

이제 다 돌려주고
다시 초대하는 세계로 가자
빈손으로 왔던 길 더듬어
느릿느릿 걸어가면 되나니

그동안 살아 온 땅에
뼈와 살과 피는 보상으로 남기고
뒤도 돌아보지 말고 흔적 없이 흘러가는
구름처럼 사라지자

누군가의 길을 더듬어 내가 왔듯이
내가 가는 길에도
다른 사람도 운수雲水로 오려니

창살에 거린 달이
처량하구나.
너의 주인은 누구란 말이냐

전봉준 2차 심문과 진술(1895.2. 11음)

문 : 그런즉 내직에 있는 자들이나 제외임의 관원도 모두 더불어 탐학인가?

답 : 내직에 있는 사람들도 매관육작을 일삼으니 내외를 물론하고 다 탐학이다.

문 : 그런즉 전라일도 탐학의 관리를 제거코자 기포했느냐? 그렇지 않으면 팔도를 한가지로 이같이 할 의향이었느냐?

답 : 전라일도 탐학을 제거하고 또 내직의 매작권신을 쫓아내면 팔도가 자연히 한 몸이 될 것이다.

문 : 내직 매관자는 누구인가?

답 : 해당 민영준 민영환 고영근 등이 이들이라.

문 : 그런즉 소를 드리고 칭원하지는 않았는가?

답 : 영읍에 진정한 것은 몇 차례인지 모른다.

문 : 그런즉 조정에도 진정서를 제기하였는가?

답 : 진정할 길이 없어 홍계훈 대장이 전주에 유진하고 있을 때

연유를 써서 드렸다.

문 : 소위 동학이라는 것은 어떤 주의이며 어떤 도학道學인가?

답 : 마음을 지켜 충효로 본을 삼고 보국안민 하고자 하는 것이다. 또 동학은 수심경천守心敬天의 도이기 때문에 매우 좋아한다.

문 : 동학은 언제 누가 시작했는가?

답 : 30년 전 경주에 사는 최재우가 시작했다.

문 : 동학 가운데 남접 북접이라고 말하는데 무엇으로 구별하여 남북이라고 하는가?

답 : 호湖 이남을 남접 호중湖中을 북접이라 일컫는다.

뜻이 하늘에 있음에
어찌 바람이 열리고
구름이 날개 퍼덕이며 날으랴

옥살이의 설움도
눈물도 다 운명에 있거늘
내 뭐라고 변명하여
천지를 또 깨우치랴

스치고 지나가는 것은
주마간산走馬看山의 사물이요
머물러 괴롭히는 것은
인간의 작은 욕망의 허욕이니

빈 공산의 허망에서
누가 주인이라 말하는가.

산야에 흩어진 영혼들
가슴에 안고 가려니
옥창에 햇볕이 눈물 흘리듯
더디게 오고 있구나.

흰 눈 쌓여
요요姚姚한 달빛 머물러
심회 깊은 밤도
때가 되면 개울로 흘러가니
춘색인들 오다가 말겠는가?

제3차 일본 영사관 심문과 진술(1895. 2. 19일 음)

문 : 송희옥을 아는가?
답 : 처족 7촌이다.
문 : 기포시 어디서 보았나?
답 : 비로소 삼례에서 보았으나 실지 같은 포의 일은 없었다.
문 : 너의 재기는 무슨 일을 하려고 하였느냐?
답 : 앞서 고한대로 이미 다 이야기하였다.
문 : 네가 송과 더불어 삼례에서 상견했을 때 혹 대원군의 말을 칭착稱托한 것이 없느냐?

답 : 송이 대원군으로부터 내려왔다고 일컬으면서 2월에 속히 올라오면 좋을 것 같다 한다고 말하기에 내가 묻기를 글이 있느냐고 했더니 대답이 없었다.

나에게 문자를 보이지 않으므로 책망하였더니 횡설수설하여 실로 황당하는 눈치였다. 또 반드시 대원군이 가르쳤다고 말할 필요는 없는 것으로 일을 마땅히 행할 것은 내가 스스로 여기에 당하겠다고 말하였다.

문 : 송이 말한 운현궁(대원군을 칭함)으로부터 내려온 두 사람의 이름은 누구인가?

답 : 그 때는 들어서 알았으나 지금은 기억하기 어렵다.

문 : 두 사람의 이름은 들을 수 없으나 성과 이름은 끝끝내 기억할 수 없느냐?

답 : 성은 박. 정 같은데 상세하지 않다.

문 : 박동진과 정인덕이 아닌가?

답 : 박동진은 분명하나 정은 상세하지 않다.

문 : 박. 정은 송을 보고 어떠한 말을 하였나?

답 : 송이 일컬으기를 운현궁이 역시 네가 올라오는 것을 기다리고 있다고 하였다.

문 : 대원군의 효유문曉喩文을 다만 한번만 보았었나?

답 : 그렇다.

문 : 효유문에는 어떤 말이 들어 있던가?

답 : "너희들의 오늘날의 이 기요는 수재守宰의 탐학과 중민의 원굴로 말미암은 것이니 지금으로부터 이후 관의 탐학은

반드시 징치하고 백성의 원굴한 것은 반드시 펼 터이니 각기 돌아가 안업하면 가하나 만일 불준하면 곧 마땅히 왕장으로써 다스리겠다." 하였다.

문 : 이미 효유문이 진짜로 알았으면 어찌하여 재기하였는가?

답 : 귀국(일본 영사관)의 속을 상세히 알고자 그렇게 하였다.

문 : 대원군이 동학과 더불어 상관한 것을 처음부터 한 가지도 들은 바 없었단 말인가?

답 : 그렇다. 나의 것도 숨기지 않는데 항차 다른 사람의 것이랴!

제4차 일본 영사관 심문(1895. 3.7 음)

문 : 너의 명호는 하나 둘이 아닌데 몇 개인가?

답 : 전봉준 하나뿐이다.

문 : 전명숙은 누구의 이름인가?

답 : 나의 자이다.

문 : 전녹두는 누구인가?

답 : 세상 사람들이 가리키는 이름이지 내가 지은 이름은 아니다.

문 : 군중을 일으켜 일본을 치는 일은 비로소 의논한 것은 어느 곳인가?

답 : 삼례역이다.

문 : (영사가 서간을 내어 보이면서 말하기를) 이것은 너의 친서

인가 대서인가?

답 : 대서이다.(스스로 졸필이기에 대서를 많이 했다고 한다.)

너희가 어이 인간을 심문하고
닦달하는가.
살인자의 아픔을
그대들은 알 수 있다는 말인가?

살인자의 심정은
아무도 모르는 일
사람이 만든 법은 법으로만 있을 뿐
판단은 오직 신만이 내릴 수 있나니

허물 많은 것이 사람이거늘
혜안이 없는 인간들은 옳고 그름만 알 뿐
결과는 인간 중에 아무도 말할 수 없나니

도적질 해 본 사람만이
도적의 심정을 알 수 있고
굶어 본 사람만이 배고픔이
얼마나 절절한 고통인가를 알 때
혜안의 눈을 가질 수 있나니
너희들이 우리의 천박한 삶과
보국안민의 충정을 어찌 헤아리겠는가.

우주 만물은 생존과 그 가치가 있기에
창조되고 쓰임을 당하나니
물이 위에서 아래로 흐르는 이유를
너희들은 알고 있는가.

나를 심문하고 결박하는 일은
심령으로 움직이는 영체만이
있을 뿐
그 어느 누구도 나의 깊디깊은
마음을 끌어내 저울질 하지는 못하려니

오늘 너희들 앞에
비록 머리를 조아리고 있으나
나의 깊은 심사를 다 보여 주지 못함이
한이고 슬프도다.

심문하는 너희와
죄인처럼 앉아있는 우리는
인간의 허울만 있을 뿐
실체는 수만 촉광으로 흐르는
그 빛을 보지는 못하나니

전봉준 피우지 못한 담배를 청하여
회색 연기를 가슴 속 깊이 끌어드려
아픈 마음 달래고 있다.

제5차 일본 영사관 심문(1895. 3.10일 음)

문 : 오늘도 여전히 사실을 조사 할테니 숨기지 말고 바르게 들어라.

답 : 알겠다.

문 : 작년 9월 삼례에 있을 때 대서인이 없고 접주 중에서 바꾸어 가면서 썼다고 하였는데 과연인가?

답 : 별도로 대서인은 없으나 접주 중에서 쓰고 처음에는 임오남으로 쓰게 했으나 그가 무식함으로 김동섭으로 하여금 쓰게 하였다.

문 : 너는 최경선과 서로 친한 것이 몇 년이나 되는가?

답 : 동향이므로 친한 것이고 5, 6년이 된다.

문 : 일찍이 최가 너에게 상사의 분이 있는가? 없는가?

답 : 다만 친구로서 상종할 뿐이지 가르침을 받는 일은 없다.

중모리 (1)

가련하다 이내 생명
어쩌타 이리 울고가야하는가
부질없는 것이 생명이니 누구를 원망하고
누구를 탓하며 이 흔적 남기리오
세상의 눈물 아니 흘리고 가는 이
어느 천지에 있다는 말인가
새벽닭이 우는 것은 천지를 깨우기 위함이고
새벽별이 눈을 깜박이는 것은 어두운 하늘이 있어
생명이 있는 것들과 긴긴 하루의 고통을 말하려는
처연한 몸짓으로 초저녁부터 왼 밤을 떠도나니
모두가 인연의 표상으로 남을 진데
훨훨 육신의 껍질 벗어버리고 또다시 여행길 가자구나

소풍가는 날 잠 못 이루는 어린이 가슴으로
오늘 밤 어머니 무릎에서 곤하게 단잠 한 번 자고
어머니 젖꼭지에 받은 사랑 물려주고 가련다.
어~어 춤추는 무녀들아 혼자 가지 말고
설익은 무당꾼이라도 좋으니 내 자식들 머리에서
굿 한 번 실컷 울리고 와서 내 등을 떼밀어도 원망하지 않으려니
그리하여 주소서 그리하여 주소서
이대로 가면 눈을 감지 못하여 젯상머리에서
어린 자식들 눈물 흘릴 때 내 어찌 사자 밥을 먹고 가리

염라대왕 있거들랑 육신만 가져가지 말고
바늘만한 흔적이라도 남기지 말고 다 가져왔다고
상왕께 고하여 주시오

중모리 (2)

어머니 날 나으실 때 고통이 큰 만큼
얼마나 기쁘셨습니까.
사내자식이라 할머니 앞에서
아버지 앞에서 자랑은 또 얼마나 하셨습니까.
생명은 스스로 태어나고자 해도 아니 되는 것
하늘의 점지가 있어 사람의 형상으로 태어나
모진 풍파 다 떨쳐버리지 못하고
낙엽처럼 떨어져 가는 인생
부운浮雲의 끝이 어디랍니까
사다가 살다가 못다한 생명 두둥껴 안고
푸른 하늘 그리워 섧은 인생 놓고 가나니
외로운 것이 인생살이 쓸쓸한 것이 고통이니
이 땅에서 모두 거두어 내 가려니
부모성심 봉양하여 죽는 날까지 살고지고
사람이 살면 얼마나 살겠소.
천 년 만 년 아닐진데 어찌 짧은 세월
오지랖에 묻은 삶의 곡절을 다 말하리까

어머니 나 없다고 손자 녀석 놓지 말고
날인 듯 반겨 맞아 달구경도 시켜주고
봄철이면 뒷산에 올라가 죽순 끊어다가
걸쭉한 상 차림으로 육체 보존하고
어머니 가슴에 묻혀 있는 자식
여름 되면 모깃불에 날려버리소서.
흘러가는 물이 끝이 있답디까
불어오는 바람이 어디가 시작이고
끝인지 조화 속 두터운 신령도 모르거늘
혈육의 정이 언제부터 이다지도 깊었는지 모르겠소
한발 이승에 남겨두고 가고 싶지만
속절없는 것이 생명이니
살아생전 속 타는 고통을 아니 남기리라

각 민요집에 실려 있는 〈전봉준에 관한 민요〉 참고

〈새야 새야 파랑새야〉

새야 새야 파랑새야
녹두 밭에 앉지 마라
녹두꽃이 떨어지면
청포장수 울고 간다

*****

새야 새야 파랑새야
녹두잎에 앉은 새야
녹두잎이 깐닥하면
너 죽을 줄 왜 모르니

*** 파랑새요로도 불리는 민요는 전국 각 지방에 여러 가지 변이 된 형태로 지금까지 전해 내려오고 있다.

〈한국구비문학대계〉, 〈조선구전민요집〉, 〈조선민요연구〉,

〈한국민요집〉, 〈향토문화연구〉, 〈한국전래동화독본〉, 〈전북의 민요〉등에 두루 실려 있다.

〈새야 새야 파랑 새야〉

새야 새야 파랑새야
너 뭣하러 나왔느냐

솔잎 댓잎 푸릇푸릇
하절인 줄 알았더니
백설이 펄 펄
엄동설한이 되었구나
〈한국구비문학대계〉, 〈조선구전민요집〉, 〈조선민요연구〉,
〈한국민요집〉, 〈향토문화연구〉, 〈한국전래동요독본〉,
〈국문학개론〉, 〈전북민요〉등에 실려있다.

〈새야 새야 파랑 새야〉

새야 새야 파랑새야
우여 우여 우여 우여
자그만치 까처먹고
우르락 딱딱 우여 우여
우여 우여 우여 우여
윗녘 새는 위녘으로 가고
아래녘 새는 아래녘으로 가거라
구렁덩덩 사신부 오래비 장개갈 때
윗논에다 찰떡 치고
아랫논에다 메떡 칠턴데
네가 다 까먹었나
두룸박 딱딱 우여 고개
두름박 딱딱 우여 고개

〈가보세 가보세〉

가보세 가보세
을미적 을미적
병신 되면 못 가리

**갑오년에 전봉준의 개혁이 성공하지 못하고
을미년으로 넘어가면 죽고 만다는 내용

임동권의 〈한국민요집〉에서

〈개남아 개남아 김개남아〉

개남아 개남아 김개남아
억만 군사 얻다 두고
짚동주리가 웬 말이야

김익두 〈전북의 민요〉

〈녹두새〉

아랫녘 새야 윗녘 새야
전주 고부 녹두 새야
두루박딱딱 우여어

동진강의 눈물

■

지은이 | 김용관

■

초판 1쇄 2011년 8월 5일

■

펴낸이 | 길명수
펴낸곳 | 배문사
출판등록 1989년 3월 23일, 제10-312호
주소 서울시 서대문구 충정로 2가 37-18
전화 (02)393-7997
팩스 (02)313-2788
e-mail pmsa526@empas. com

■

편집 인쇄 삼중문화사

ISBN 970-895-87643-64-9(93810)

값 12,000 원